【公孫策說歷史故事（十）】

霸王夢

春秋諸侯爭鋒一場大戲

公孫策 著

〈總序〉三十本經典，一千個故事

經典之所以為經典，因為它的價值歷久不衰。例如我們對經典老歌，總能哼上幾句；對經典名句（如「多行不義必自斃」等）也能琅琅上口。可是一聽到「四書五經」、「經史子集」，大多數人都會敬而遠之。

原因之一，是我們對經典的整理工作，做得太少了。宋朝朱熹注解《四書》，就是一種整理工作，也的確讓《四書》普及於當時的一般人。清朝蘅塘退士輯《唐詩三百首》、吳氏兄弟輯《古文觀止》，也都是著眼於「經典普及化」的整理工作。然而，中華民國建國一百年了，卻未見值得稱道的經典整理作品。

另一個原因，是考試成了教育的唯一目的。於是，凡考試不考的，學生當然就不讀。這不能怪學生，也不能怪老師，事實上大家都為了考試心無旁騖。而那些對經典充滿使命感的大人們，只好規定一些必考的經典。其結果是，學生為了考試，讀了、背了，考完就忘了，而且從此痛恨讀經，視經典為洪水猛獸或深仇大恨——經典反成了學生心目中的「全民公敵」！

城邦出版集團執行長何飛鵬兄對中國經典有他的使命感，城邦也出版了很多「經典整理」的書籍，如：〈中文經典100句〉、〈經典一日通〉等系列。飛鵬兄建議我「以三十本經典為範疇，寫至少一千個故事」，取材標準則是「好聽的故事、經典的故事、有用的故事」。

為此，我發願以四年時間，寫完一千個故事，每天一則，在城邦集團的「POPO原創」網站發表，這項任務在二〇一四年間完成。然而，網路PO文雖然停止，我仍然繼續寫故事，希望這個「說歷史故事」系列可以一直寫下去。

簡單說，這一個系列嘗試以「說故事」的形式，將經典整理成能夠普及大眾的版本。不是「概論」，也不是「譯本」，而是故事書。然為傳承經典，加入「原典精華」，讓讀者又不僅僅是看故事書而已。

公孫策

二〇一一年秋

二〇一五年冬修訂

〈推薦專文〉用歷史之筆，寫好看的書

城邦媒體集團首席執行長　何飛鵬

結緣公孫策，是在年輕的時候，那時我在《中國時報》當記者，他也在當記者，只是採訪的路線不一樣，我採訪的是財經新聞，每天與金錢為伍；他採訪的是政治新聞，每天往來的都是高官，他以風趣見長，常有詼諧之語，在我心目中，是位有趣的才子。

在報社，他是我學習的對象，論採訪新聞，更是我的前輩，我常分析他所寫的新聞，再對照實際的發表，常覺得真是一針見血，將報導和事實結合得絲絲入扣。

後來我離開報社自行創業，他也離開報社遊走政壇，雖然少有往來，但仍是一生的知己好友。

再次接觸，是他受邀在《商業周刊》寫〈去梯言〉專欄，我幾乎期期先睹為快。這個專欄通常以歷史故事開始，引經據典，讀了有趣的故事、增加了知識，也得到啟發；接著他筆鋒一轉，連結了當時的時事，或貶否人事，或暢論時事，但總是緊扣破題的歷史典故，譬喻之巧，令人拍案叫絕。

常讀公孫策的專欄，我開始佩服他對歷史的修養，同輩中能有此修為者幾希，周周閱讀，我變成他的粉絲。

這時我已全力經營出版，出書變成我的主業，尋找好作者更是我每日的功課。好作者的條件有三：一、要有文案，能妙筆生花；二、要有專長，對某一行、某一事物要有深刻的理解；三、要有洞見，對任何事物，要能見人所未見、言人所未言。而公孫策此三者皆具，自然成為我尋找的對象。

我鼓勵公孫策深度鑽研歷史（中國史），我覺得中國史數千年，留下各種典籍，但一般人少有接觸，如果有人能讀通，再以現代人的眼光轉譯歷史，必然十分有趣。

當時公孫策十分謙虛，自承歷史沒讀通。我十分不以為然，我說：「你能寫〈去梯言〉專欄，就用同樣的筆法寫書，就可以滿足讀者的需求。只要把中國的歷史典籍，逐冊爬梳，再採擷有趣的故事，必然受歡迎。」

就這樣，公孫策成為商周出版的作者，而公孫策說歷史故事，也就逐冊出版，現在第十本，也是系列的最後一本即將付印，他囑我寫一文，以做見證，我樂於為之。

這一套書，係以歷史之筆，寫好看的書，這是我們的初衷，而公孫策也真的精準完成。此書可以讀史，也可以啟發人生智慧，每個故事都有含意，隨每個人都可以有不同的發現，大家各自採擷吧！

〈推薦專文〉

跟著好老師可以在精采故事中得到人生的智慧

朝陽科技大學通識教育中心助理教授　莊舜旭

公孫策是我臺大合唱團的學長，也是我目前指揮的臺大校友合唱團的資深男低音，因此我有幸拜讀了他的多本精彩歷史故事並成為他的書迷。我跟公孫先生有一個很相似的地方，就是原本讀的都是理工自然類的科系，卻在大學畢業後人生大轉彎，進入毫不相關的領域，且從此成為一生的志業。公孫先生的讀者們想必很熟悉他進入歷史的世界創作了大量的文章與專書，而我自己則是化工系畢業後赴美深造，取得了聲樂碩士及指揮的博士，返國後專任於朝陽科技大學通識教育中心，並指揮臺大校友合唱團及臺中新世紀合唱團。我想在此以一個從事大學通識教育多年的老師身分來說一下我大力推薦公孫策歷史故事作品的理由以及拜讀這本新作的想法。

很多臺灣人或是華人對於學習有一種功利的態度，認為不容易找工作的科系沒有價值，從而延伸到跟主科無關的通識學分是所謂的「營養學分」而不想用心學習。其實在通識課程中有很多學問是人類智慧的寶藏，而從中找出有興趣的科目認真體會，將會對一個人的人生產生莫大的影響及幫助！像是語言、文學、藝術（音樂）、歷史、哲學（邏輯思考），這些都對一個人心靈的提升與智慧的增長有很大的好處。學習這些學問最重要的態度是要能喜歡、欣賞、感受到啟發與感動，也因此，通識課程對我個人來說，最重要的是能引起學生的興趣，播下有生命力的種子。

在這本《霸王夢》的作者序中特別提到，作者大一國文的恩師黃啟方教會他「不怕文言文」，開啟了他鑽研歷史的大門，甚至這本書的原始靈感也是來自國文課上到的《左傳》！一堂通識課程（以前叫做共同科目）能夠對一個年輕的心靈有如此深遠的影響且開出如此燦爛的花朵，實在是令身為通識課程老師的我感佩不已，心嚮往之！

公孫策的歷史故事系列作品可以說完全發揮了通識教育的最高境界——引發興趣。姑且不論從書中的歷史事件能領悟到什麼智慧，光是聽公孫策說故事本身就是極大的樂趣。原本艱澀難讀的歷史在他的筆下變成一個又一個生動的故事，而每個人又能從故事中再推演出自己的領悟，樂趣無窮。例如本書中提到齊桓公與蔡夫人的故事非常有趣：桓公與蔡姬泛舟，蔡姬故意搖晃小舟，桓公害怕制止，蔡姬卻不聽，以致桓公盛怒下把蔡姬送回蔡國，卻並未休她。但蔡侯竟然因為沒面子而把她改嫁他國，因而遭齊國討伐。從這事件我個人就有很多感慨：（不會游泳的）桓公應該是蠻寵愛蔡姬的，可是她個性很頑皮，恃寵而驕。桓公應該常被她激怒，所以忍無可忍，但還是捨不得休她。蔡侯沒弄懂齊桓公的心情就該倒大楣了！這段故事真的比宮廷劇還精采，令人莞爾。

最後，在我拜讀過的公孫策歷史故事中，很多講的是開朝立代的大人物，但本書卻有很多小國家甚至小人物。他們的言行與智慧，往往強烈影響他們的命運甚至生存！我想每一個現代人身處如此複雜的國際環境與社會（金融）局勢，應該都能從這本《霸王夢》中得到很多處世的智慧，邀請大家一同來細細品味！

目錄

〈自序〉醞釀了十多年的壓卷之作

這是〈公孫策說歷史故事〉系列的第十本，也是打一開頭就設定的壓卷之作。

我原本只寫專欄不寫書，是受何飛鵬「誘拐」才開始寫書——當時他跟我說：「兒子不一定會養你，可是書會養你。」我說，我只會寫專欄，沒寫過書，更不曉得要寫什麼題目。他說：「寫左傳啊，公孫策寫左傳一定很精彩。」

提到《左傳》，我的興致上來了。我大一國文課上學期的教本就是《左傳》選文，下學期是《史記》選文。從此我對這兩部史書經典一直最為熟悉，當時的國文老師黃啟方教授給了我此生最大的資產「不怕文言文」。我寫過一篇「沒有黃啟方就沒有公孫策」感謝師恩，藉這裡再次鄭重表達。

於是我回家重翻《左傳》，然後開始寫《左傳》的故事。大約半年時間，我抱著大堆草稿（稿紙三百多張）去飛鵬兄辦公室，才拿起第一篇預備說明，他用手壓住稿紙堆，說：「你自己覺得好不好看？」我說：「《左傳》的故事本身夠精彩，可是坊間的白話譯本都差不多，我能好到哪裡去？」他說：「不好看，就丟掉。」這是我生平第一次被退稿，卻絲毫沒有難過或不舒服。高中時看過一部電影，片名不記得了，劇情是米開朗基羅畫梵諦岡西斯汀教堂穹頂的故事，永遠記得他在酒館聽到一句「酒酸了，就倒掉！」於是回到教堂將已經完成的穹頂潑油漆毀掉——我不敢跟他比擬，可是稿子不好看，當然丟掉。

然而，那次退稿並沒有讓我灰心，我的寫書生涯就此開始，迄今已經超過二十本。開始寫「公孫策說歷史故事」系列時，我就決定最後一本要寫《左傳》，二〇二一年新冠疫情最烈的時候，我的右手扳機指嚴重到無法握拳，寫作產能大減，當時已經開始動筆寫《鴻鵠志》，於是決定下一本是系列最後一本，當然要寫《左傳》。

所以，這次寫《左傳》是「卷土重來」，而且是十多年念茲在茲要寫的一本書，寫得好看不被退稿是基本要求，寫得跟坊間白話譯本不一樣則是充分條件。於是問題來了，怎樣才能寫得跟人家不一樣？

二〇一四年，我為一群創業青年開了一個講堂「長風萬里堂」，拿春秋戰國時期的「天下一家化」時代巨變為借鏡，講當今數位時代全球化的應變之道。講堂維持了兩年多，史事和時事確實多所印證。因此，本書的主軸乃鎖定時代變化，特別是結構性的變化。

「左氏之傳，史之極也，文采若雲月，高深若山海」，如此極高評價，取捨當然是一大課題。而原文近二十萬字，要以白話文寫成讀者手拿得動的一本書，就只能敘大事。春秋時代敘大事當然不脫爭霸，數得出的霸主當中，有人稱霸、有人稱王，但他們的霸業卻如過眼雲煙，因此將書名訂為「霸王夢」。

歷史不是憑空出現，有其來龍去脈，因此以戲劇的序幕／主戲／尾聲為包裝，以時間序為軸線，以事件為各章骨肉，以人物為方塊穿插，講述各個事件的來龍去脈。又由於春秋列國是個國際舞台，不同場景無可避免時間的重疊交錯，各個題目只能盡量順著時間序寫，並隨時提醒前文述及的事情，便於讀者能在閱讀個別事件的同時觀照全局。

公孫策，二〇二四年夏

〈導讀〉霸王・霸業・霸之道

孔子作《春秋》微言大義，因此《春秋》的文字超級簡約，左丘明作《左傳》，以《春秋》為綱記述事情的來龍去脈，本書則以《左傳》為綱述春秋大事。春秋大事脫不開爭霸，所以本書最大看點就是春秋霸王的霸業和他們的霸之道。

春秋是一個巨變時代，三百多年的國際大勢好比繭裡的蛹，之前一個樣，出來大變樣。如此巨變絕非一、二人之功，亦非那些霸王就能造成，有很多人物扮演了重要角色，因此本書各章主文述事而方塊寫人，幾位特別有影響的人物則為他們開專章。

「蛹變」的過程其實還包括戰國，之前是周公建立的封建諸侯制度，之後是秦始皇建立的專制帝國制度。曾經有一次跟張大春提及「考慮寫春秋戰國，還是只寫春秋」，他毫不考慮說：「不要寫戰國，春秋跟戰國完全不一樣。」那次話題並沒有繼續，可是那句話我始終記得，因此本書開筆前我請他清楚開示。他的回覆：「春秋人看著周天子的車駕，會說：『有為者亦不能若是也』；戰國人看著周天子的車駕，會說：『彼可取而代也』」。

西周的「天下－國－家」三級封建制度。天子擁有最大的土地（王畿）、最強的軍隊（六軍），諸侯國際的秩序乃由周天子裁決、擺平。這個制度維持了三百多年不變，想當然要受到時代變化的衝擊。簡單說，春秋是巨變時代的前半，所謂「王綱解紐」，周王室衰微成為舞台上的布景花瓶，諸侯才是主角，但諸侯表面上仍然尊重這個共主；進入後半（戰國），七雄個個稱王，花瓶於是被丟到屋角，最終粉碎。

王綱解紐、諸侯爭霸靠的是武力，所以《左傳》記載戰爭很多。然而，畢竟周王還在，諸侯外交乃至打仗都還得講出一番道理，《左傳》記載外交場合的言詞交鋒也很多。

所謂春秋五霸，有好幾種說法。沒有爭議的是齊桓公、晉文公、楚莊王，其他包括鄭莊公、宋襄公、秦穆公、吳王闔閭、越王句踐等，都有著一個必要條件：任用人才。而且人才愈多的君王，其霸業愈大。

基於以上理由，本書講述故事特別側重幾個要素：周王如何把自己「做小」、霸主如何將自己「拉高」、戰爭藝術的進步，以及霸主的用人術。

必須說明本書說故事的起迄年代。比較沒有爭議的是春秋時代起於周平王東遷（西元前七七〇年），但有一個說法認為孔子寫《春秋》起於魯隱公元年（西元前七二二年），才是春秋時代的開始。而春秋止於哪一年說法更多，《春秋》記載到獲麟（西元前四八一年）、《左傳》記載則止於智伯與趙襄子結怨（西元前四六八年），但戰國時代還得等到三家分晉（西元前四四〇年），相差的幾十年該歸哪？

歷史是一條連續線，每件事都有來龍和去脈，因此本書不拘泥春秋的起止年份，也不限於《左傳》的記載範圍，內容分成三個部分：

序幕兩章：周幽王烽火戲諸侯、周平王東遷。如果不是周幽王造成西周滅亡，不會有東周；如果沒有周平王東遷，也不會有東周。

主戲四十二章：起於第一位小霸王鄭莊公到最後一位越王句踐稱霸，最終晉國獨大，卻埋下三家分晉種因，包括方塊三十五篇，配合主文記述每個事件中起關鍵作用的人物。

尾聲四章：春秋加速進入戰國的四個代表性事件。

最後一章〈商鞅見秦孝公〉，時間上雖然已經是戰國時代，但商鞅提出了帝道、王道、霸道、強國之術，實為本書最佳註腳。

〈序幕①〉周幽王烽火戲諸侯

周武王伐紂滅商，定都鎬京，史稱西周。西周滅亡才有東周，而西周滅亡的直接原因是出了個周幽王。

周幽王沉湎酒色，不理國事，寵信佞臣虢石父（史書記載他「為人佞巧，善諛好利」），國內又發生大地震（涇、渭、洛「三川皆震」）。人禍天災在那個時代尚不至於造成政權傾覆，但加上外患入侵，諸侯又不來援救，西周於是滅亡。

諸侯不來援救為什麼導致滅亡？要從周朝的國家體制說起。

西周行封建制度，周天子分封諸侯到全國各地稱為國（或稱邦），諸侯國君分封食邑給大夫稱為家，如此天下、國、家的三級政體是為封建制度，周天子居最高位因此稱至尊。但周天子名義上是共主，邦國主權行使卻在諸侯，諸侯國才是實質的政治、經濟主體。周公建立的城制、兵制保證了周王在所有邦國中最大、最強，因此至尊同時也是至強，以次諸侯依公侯伯子男五等爵位而定尊卑強弱。周公的設計當然希望這種尊卑強弱的形勢永遠不變——然而「永遠」事實上無法「永遠存在」。

兩、三百年過去，各諸侯國的治理、經營參差不齊，有些成長茁壯，有些每況愈下，而叢林法則自然啟動，於是有戰爭兼併行為發生。當周王室強盛時，周王有地位、有力量可以維持諸侯國際秩序，遠一點的地方則授權方伯「代行征伐之事」，也就是以武力維持國際秩序。然而，周王卻管不到非他分封的國家，也就是所謂蠻夷戎狄，一旦戎狄攻擊周王畿，周王就燃起烽火，各地諸侯看見烽火就率兵來鎬京救援。

周幽王這樣的荒淫國君，國家治理想當然一塌糊塗，於是引來西方的犬戎攻擊。每次犬戎來攻，幽王燃起烽火、各方諸侯來援，每次都能化解危機，直到——直到褒姒出現。

褒姒是褒國進貢的美女，周幽王對她百般寵愛，甚至廢了皇后立她為后，更廢了太子，立褒姒生的兒子為太子。偏偏褒姒是個冰霜美人，幾乎完全沒有笑容，幽王百般設計，褒姒就是不笑。為了取悅褒姒，幽王採納虢石父建議，舉烽火召集諸侯，諸侯匆忙趕至，卻發覺並非犬戎侵犯，只見周幽王和褒姒在台上飲酒作樂，只好狼狽地退走，褒姒見狀大笑，她笑了，幽王也樂了。從此，幽王時不時舉個烽火戲弄諸侯，直到諸侯看見烽火漸漸不來。

終於，犬戎真的來攻，幽王舉起烽火，可是諸侯都不來。周國人心不附，軍無戰力，犬戎攻進鎬京，周幽王被殺，西周亡。

周王死了，天下失去了天子，可是封建制度不會那麼快瓦解。周幽王烽火戲諸侯很熱鬧，但只是開鑼，序幕還正要拉起。

〈序幕②〉天子成了泥菩薩——周平王東遷

周幽王死了，褒姒和太子被犬戎擄去，天下無主了嗎？相反，天下同時出現兩個天子：被廢的太子姬宜咎之前已經逃到母親娘家的申國投靠舅舅，聽說幽王死了，申侯聯合繒侯、許文公等今天河南一帶的諸侯擁立宜咎為王，是為周平王；戰後殘破的鎬京則有虢公（姬）翰擁立幽王的弟弟姬余臣，史稱攜王。

諸侯聽說犬戎殺了幽王，紛紛領兵前往鎬京，趕走犬戎後，申侯聯合鄭、晉、衛等姬姓近親諸侯支持周平王，晉文侯出兵攻殺攜王，平王成為唯一的天子，但他在鎬京沒有統治的實力，於是決定遷都雒邑（今河南洛陽）。

如果周天子在盛世遷都，一定是浩浩蕩蕩軍威壯盛，周平王雖然是因為鎬京不堪而出走，卻也不能寒酸到被人看扁。這時候，秦襄公上場了。

在此之前，秦只是周王畿裡面的「附庸」，只有采邑沒有爵位，職銜是西垂大夫。由於在周宣王（幽王的父親）時期，多次領兵出擊西戎建立功勞，因此在周王畿內實力最強。周平王東遷，秦襄公派出軍隊護送，平王安全抵達雒邑，封秦襄公為伯爵，領地在岐山以西——當時那個地區想必一片殘破，絕對沒有人會想到，後來會是秦國統一天下。

周王室是流亡政府，天子是泥菩薩過江自身難保，諸侯國際原本就已經只憑實力，因此不大甩周平王。這時候，鄭武公上場了。

鄭武公的父親鄭桓公在王畿擔任周幽王的司徒，死於犬戎攻陷鎬京時，武公繼承國君。鄭武公有謀略，他想要兼併鄰居胡國，故意先把女兒嫁給胡國國君，再故意問大臣：「我要用兵，可以討伐誰？」大夫關其思回答說：「可討胡國。」鄭武公大怒，責罵關其思：「胡是兄弟之國，你說討伐是什麼意思？」殺了關其思。胡國國君聽說此事，把鄭武公當做親人，完全不防備鄭國，於是，鄭武公出兵滅了胡國，占有其土地。

鄭武公娶了申侯的女兒，鄭國又靠近雒邑，因此申侯援引他進入周平王的朝廷擔任卿士，鄭國在周圍諸侯中最強，因此成為周平王朝廷所依賴的維穩力量。

鄭武公的君后、申侯的女兒武姜生了兩個兒子，……「霸王夢」的戲幕從這裡拉起。

時間是西元前七二二年，周平王遷都雒邑已經四十八年，孔子寫《春秋》從這一年開始。

周公營建東都

周平王東遷雒邑跟流亡政府不同，因為雒邑一直是西周的東都，而且象徵天命正統的九鼎就放在雒邑。

周武王伐紂滅商建立周朝之後，擔心鎬京位置偏西，難以控制殷商遺族廣佈的東方地區，為此夜不能寐。他認為要在東方營建一個大城，駐軍鎮壓商朝「餘孽」，最後看中了洛陽盆地的洛水、伊水地區。

武王崩逝後，果然東方發生了叛亂，管叔、蔡叔（二人皆周武王之弟）聯合武庚（商紂王之子）造反，周公（姬）旦東征三年才平定。於是周成王命周公在伊洛之間營建東都，稱為「成周」（鎬京稱為「宗周」）。

周公將大禹的九鼎放置在成周，寓意定鼎中原，用以震懾天下，並且命殷商遺民和各地諸侯共同興建新都邑，建立了成周的權威。

西周時期，成周由周王室直接控制的周八師駐守，每師二千五百人，共兩萬人戍守。也就是說，成周有宮城、有宗廟、有軍隊、有九鼎，周平王乃能以天子陣仗遷都，他將成周改名雒邑。史家稱定都雒邑後的周朝為東周，之前是西周。

周武王的遠見加上周公用心營建，讓周王室的後代雖遭亡國之難，仍保有立國基地。

第一個起兵作亂的外戚——申侯

從周幽王到周平王的一位關鍵人物是申侯。

史書上沒有申侯名字的記載，只知道申國是姜姓，都城在今河南南陽市附近，世代跟姬姓通婚。這一位申侯的女兒是周幽王的原配王后，外孫姬宜臼是太子。周幽王寵愛褒姒，廢了申后也廢了太子。宜臼跟母親逃回娘家申國，申侯因此對周幽王不滿。

周幽王的佞臣虢石父進讒說申侯圖謀不軌，周幽王因此想要討伐申國。有一說，是申侯先下手為強，勾結犬戎攻進鎬京殺了幽王。

無論如何，周幽王死後周王室無主，申侯聯合鄰近的鄭國和衛國擁立宜臼為周平王進入鎬京，可是擁立周攜王的虢公的都城靠近鎬京，擁有地利。因此雖然平王集團戰勝了攜王集團，平王還是決定東遷到雒邑。

周平王還到雒邑，周圍諸侯對這個流亡天子多持觀望，申侯將他另一個女婿鄭武公拉進雒邑朝廷。鄭國當時正在崛起，成為周平王的武力後盾，鄭武公乃能以伯爵擔任周王卿士（西周時期都是公爵或侯爵擔任卿士）。

主戲

1. 春秋第一位小霸王——鄭莊公霸業曇花一現

鄭莊公是大兒子，媽媽武姜生他時難產，所以一直不喜歡他，而喜歡小兒子叔段，曾經要鄭武公立段為太子，武公沒同意。

武公死，莊公即位，武姜要莊公把制邑封給段，制的地形險要，莊公不答應，武姜在要求封段到京邑，莊公同意，叔段被稱為「京城大叔」，以示不同於其他的叔（國君的弟弟稱叔，歷代國君都有弟弟，所以一國有很多叔）。鄭國大夫祭仲提醒莊公：「京邑的城牆逾越制度，以後會威脅到國君。」莊公說：「母親要，沒辦法。」祭仲說：「姜氏會得寸進尺，應該早做防範。」莊公說：「多行不義必自斃，你姑且等待。」

【原典精華】

祭仲曰：「都城過百雉①，國之害也。……今京不度②，非制也，君將不堪。」……公曰：「多行不義必自斃，子姑待之。」……公子呂曰：「國不堪貳。君將若之何？欲與大叔，臣請事之。若弗與，則請除之，無生民心③。」公曰：「無庸，將自及④。」

——《左傳．鄭伯克段於鄢》

①城牆三丈為一雉，百雉：三百丈。
②不度：超過制度。
③無生民心：不要引起人民叛心。
④無庸：不必（採取行動）。自及：自作自受。

叔段果然再要求擴大封邑，更擅自併吞其他大夫的食邑，大夫們紛紛提出警告，甚至說出：「國君到底做何打算？如果要把國家讓給段，我請求去事奉他；如果不是，就該早點將他除掉，免得人民起異心。」莊公對他們說：「不需要，他為臣不義，為弟不親，將自我毀滅。」

叔段積聚甲兵，自認為實力夠了，做好偷襲國都的準備，同時聯絡母親以為內應，軍隊到達時幫他開城門。莊公事實上早就暗中準備且情報靈通，當即下令討伐京邑，京的軍隊倒戈，叔段逃亡出國。莊公將母親姜氏送到潁（邑名），並誓言：「不到黃泉絕不相見。」

莊公沒多久開始後悔對母親如此絕情，潁地封人（掌管地政的官吏）潁考叔聽說，於是向莊公呈獻物品，莊公賞賜他一同吃飯。吃飯時，潁考叔對著席上的肉羹卻不動筷子，莊公問他為什麼，他說：「小人家有母親，一向母子同食，能不能讓我帶回去跟母親一同吃？」莊公聞言感慨：「你有母親可以孝敬，我卻沒有。」潁考叔說：「國君不必擔心之前的誓言。只要向地下挖一個大隧道，挖到地下泉水流出，不就是『黃泉』了嗎？母子在隧道裡相見，誰能說違背誓言？」莊公立即照他的建議挖成大隧道，跟母親在「黃泉」相會，攜手走出，母子和好如初。

叔段逃出鄭國時，叔段的兒子公孫滑逃往衛國，鼓動衛國出兵攻取他之前的封邑廩延，鄭莊公為此兩次出兵攻衛。翌年，鄭國宋國發生宮廷變故，宋穆公的兒子逃到鄭國，鄭莊公接納他，衛國新君聯絡宋、陳、蔡聯軍（都是鄰國）討伐鄭國，在東門外攻打了五天，無功撤軍。翌年鄭莊公興師報復，衛國請來燕軍援助，鄭軍兵分二路，一路出奇兵前後夾擊衛軍，衛軍敗；另一路燕軍只顧到正面的鄭軍，不防側翼遭到制軍（之前不給叔段的險要城邑）攻擊，潰退回燕國。

那一段期間，鄭莊公可說所向皆捷，他的第二個兒子（姬）突是個軍事天才，尤其是殲滅北戎的一役：先設下三道埋伏，然後前鋒佯敗退，戎人傾巢而出，爭搶鄭軍丟下的物資，等到鄭軍發動埋伏，戎人大駭奔逃，被鄭軍從中截斷分為兩半，分別遭到夾擊，全軍盡殪（音「亦」，屠殺殆盡）。

挾軍事勝利威風，鄭莊公開始參與諸侯會盟，那時候會盟多半是為了軍事行動的集結，而鄭國在齊魯鄭聯軍討伐許國的戰役中，戰力最強且率先登城，戰後卻禮讓齊國，齊國則禮讓魯國，最終魯國還是將許推讓給鄭國。鄭莊公命許國大夫（姜）百里奉許叔（許莊公之弟）到許國都城東鄉建城，延續祭祀香火。在此前一年，鄭國跟魯國聯軍討伐郜國勝利，鄭莊公也讓魯軍先進城。為此，左丘明稱讚鄭莊公「有禮」，又因鄭莊公一次討伐宋國的理由是「宋公不王」（宋殤公不朝拜周平王），左丘明又稱讚他「以王命而討不庭」。

也就是說，鄭莊公的作為其實是後世「挾天子以令諸侯」的範式，只是鄭國國家太小，只能在雒邑周邊（今河南一帶）稱霸。他死後，兩個兒子爭位，輪番發動政變，國力內耗殆盡，而東方齊桓公正開始崛起，莊公建立的鄭國霸業如曇花一現，絢麗卻不久。

此外，鄭國成為中原一帶的小霸王，卻未能扮演區域安定力量的角色，這是鄭莊公不及後來齊桓公之處。

潁考叔未得善終

齊魯鄭聯軍攻許之戰，鄭軍大展威風，鄭莊公卻痛失股肱——潁考叔陣亡，但不是死於對手，而是死於自己人的暗箭。

鄭國大軍出發前，依例要先告祭宗廟，潁考叔跟子都爭著上莊公的兵車——跟國君同車意味著「一人之下」的地位。

子都姓姬名閼，是鄭國公族故稱公孫閼，潁考叔得莊公重用但血緣較疏遠。兩人相爭不下，潁考叔挾輈而走（輈：車轅，將車轅卸下，夾著就跑），子都拔棘以逐（抄起戟在後面追），一直追到宗廟外的大路還沒追上，最後潁考叔跟鄭莊公同車出師。

攻許的戰鬥中，鄭軍勝利，潁考叔舉著鄭國國君的大旗「蝥弧」衝上城樓，子都從城下發箭射中潁考叔，潁考叔跌落城樓下死亡。

這個故事後來成為小說及戲曲劇本，結局包括「潁考叔索命」、「子都羞愧自刎」等，那是人心疾惡的正常投射；史家則有批評潁考叔與子都「大臣不識大體」者；公孫策認為，鄭莊公沒有事先指定誰跟他同車，是國君的疏忽。

齊大非偶對不對？——鄭昭公姬忽

齊國遭到北戎攻擊，齊國向鄭國請求援兵，鄭莊公的太子（姬）忽率兵救齊，擊敗北戎。齊僖公兩度提出要將女兒嫁給太子忽，太子忽都回絕了。有人問太子忽為什麼不接受齊僖公的好意，太子忽說：「齊國是大國，不是我匹配的對象（成語「齊大非偶」典故）。我的禍福靠自己，大國又能怎樣？」

鄭莊公死後，太子忽即位為鄭昭公。他那位軍事天才的弟弟公子突不服氣老哥，他的丈人宋莊公挾持脅迫鄭國最有影響力的大夫祭足，擁立公子突，成為鄭厲公，鄭昭公流亡衛國。

祭足包攬國政，鄭厲公對他不滿，跟大夫雍糾密謀刺殺祭足，祭足獲報，先下手為強，拘捕雍糾處死，迎接鄭昭公回國復辟，鄭厲公流亡蔡國。

鄭國大夫高渠彌在鄭莊公時受重用，可是跟公子忽不和，一向支持公子突。鄭昭公復辟，高渠彌擔心遭到報復，聯合祭足弒殺鄭昭公，但不敢迎鄭厲公回國復辟，立鄭莊公另一個兒子公子亹（音「委」）為國君，子亹在一次盟會上被齊襄公殺死，祭足再立子嬰為君。至此，祭足已經事奉了鄭莊公的四個兒子，他死後，鄭厲公再回國復辟。

「齊大非偶」的價值觀放在今天絕對正確，可是在春秋時代，諸侯結盟常以婚姻為連結，鄭昭公如果當初答應了齊襄僖公的好意，可能弟弟不會造反，但仍難說後來會怎樣。（對照第九章，魯桓公娶的就是那個齊國公主卻遭禍）

2. 嫡長制瓦解——三起弒君案

前章提到叔段的兒子公孫滑勾結衛國侵鄭，演成後來鄭、衛、宋、陳、蔡幾國都捲入戰爭，而衛國為什麼要幫叔段和公孫滑，則是因為衛國當時國君（姬）州吁弒君自立，他在弒君之前就已經跟叔段互通聲息。

事情得從衛莊公說起。莊公的正妻莊姜無子，認養一個側室的兒子（姬）完，立為太子。州吁是另一位嬖妾的兒子，很得莊公寵愛，可是他喜歡武藝和帶兵，莊姜不喜歡他，但莊公卻縱容他。

莊公去世，太子完即位為衛桓公，州吁驕橫跋扈，衛桓公拔了他的官，州吁流亡出國。在外十四年，州吁收聚衛國亡命之徒，並跟鄭國的叔段聲息相通，交流奪位計畫。等到積聚實力足夠了，發動軍事政變，攻進衛國京城，殺死衛桓公自立為君。可是他得位不正，衛國人心不服，於是他發動對外戰爭，聯合宋、陳、蔡攻打鄭國，無功撤軍，因此招惹了鄭莊公連番攻擊衛國，州吁的政權愈發不穩。

州吁的重要臣子石厚去問他父親石碏：「州吁怎樣才能穩住國君地位？」石碏說：「朝見周天子，有天子背書就沒問題了。」石厚問：「要怎樣才能朝見天子呢。」石碏說：「州吁跟陳國很好，而陳桓公在周天子面前很紅，可以請陳國幫忙安排朝見。」

石厚陪著州吁去陳國，孰料，石碏已經派人送一封密函給陳桓公，訴說州吁弒君大罪，請陳國幫忙除掉州吁和石厚。陳國拘捕了州吁和石厚，可是沒殺二人，請衛國派人去陳國自己動手。衛國派出右宰去陳國監殺州吁，石碏派他的家宰（大夫家的總管）去監殺石厚。

原來，石碏在衛莊公時就勸諫不可縱容州吁，但衛莊公不聽；他的兒子石厚跟州吁要好，石碏禁止兒子跟州吁往來，石厚不聽。衛桓公即位後，石碏告老退休。州吁弒君自立，石碏終於等到機會，為國家除害，同時大義滅親。

這是《春秋》記載的第一起弒君案。前章故事叔段兵變沒有成功，而州吁跟叔段的不同點在於，叔段跟鄭莊公都是鄭武公的正妻所生，都是嫡子，而衛桓公雖然不是莊姜親生，名分上是嫡子，州吁則是庶出，州吁因此被認為得位不正。

第二位被弒的國君是魯隱公。魯隱公是魯惠公的長子，但不是嫡長子，惠公去世時，嫡子（姬）允年幼，魯國貴族共立隱公攝政，隱公在位期間，魯國的內政、外交、軍事都很上軌道，魯國在當時算是強盛的國家。

魯隱公沒有忘記他是攝行君事，始終想要等待公子允長大後傳位給他。魯隱公的卿（首席大夫）羽父向他提出，刺殺公子允讓隱公永久當國君，條件是事成讓自己當太宰。魯隱公義正辭嚴的對羽父說：「因為他（公子允）年紀還小，我才攝行君事的。我已經派人在菟裘興建宮舍，我將退休去那裡養老。」

羽父碰了一鼻子灰，心裡更忐忑不安——將來公子允即位後，若知道這一段，他肯定性命不保。於是他去跟公子允商量，買兇刺殺了魯隱公，公子允即位為魯桓公。

這個案例，羽父是弒君，但魯桓公是嫡子，算不得是奪嫡，所以政權轉移沒有太大問題。下一個案例卻不是那麼典型，嫡庶關係事實上講不清。

宋國是商朝後代，宋宣公不傳位給兒子（子）與夷，而傳位給弟弟（子）和。公子和推讓三次，最後還是即位，是為宋穆公。

宋穆公在位九年，病重，臨終前招來司馬孔父嘉，對他說：「先君捨棄與夷而傳位給我，我沒有一天或忘，我現在囑託你，我壽終之後，立與夷為君。」

孔父嘉說：「可是大夫們都願意服事公子馮（穆公的嫡長子）啊！」

宋穆公說：「不可以！先君認為我有德行才傳位給我，有德行而不傳位給與夷，豈不辜負先君期望？請你務必發揚先君的德意。」

孔父嘉執行宋穆公的旨意，將穆公兩個兒子馮和勃送去鄭國（等於流放），穆公對兩個兒子說：「你們雖然是我的兒子，但我活着時不要再來見我，我死後也不要來哭我。」

公子與夷聽說，趕忙去見宋穆公，說：「先君傳位給你而不傳位給我，就是認為你比較適合擔任社稷宗廟之主，如今你將兒子送出國外而傳位於我，這不是先君的本意。」

宋穆公說：「先君沒有將你送去國外的理由完全可以理解，我坐在國君的位子上只是攝政，最終還是要交給你。」不多久，宋穆公逝世，公子與夷即位為宋殤公。

問題是，宋殤公即位第一年就發兵打仗，原因是前章述及衛國州吁弒君後，對宋殤公說：「公子馮在鄭國，鄭國想要送他回國奪取你的君位。」宋殤公耳根子軟，聽進了州吁的挑撥之言，宋國參與了討鄭聯軍卻無功而返。事實上，他在位期間一共發生了十一次戰爭，對手每次都有當時最強的鄭國，最後一次被鄭莊公打得大敗。宋國人不堪連年征戰，更不堪屢次戰敗，結果太宰華父督發動政變，殺司馬孔父嘉、弒宋殤公，從鄭國迎回公子馮即位為宋莊公。

這場政變的過程還帶有一點旖旎：華父督在路上看見孔父嘉的妻子，驚嘆其「美而豔！」起了歪念頭，於是趁國人因戰敗而民怨沸騰之時，放話「敗戰都是司馬的過錯」，發兵殺了孔父嘉，強娶她的妻子。宋殤公為之震怒，華父督心生恐懼，一不做二不休，連宋殤公也殺了。

說這個案例「嫡庶講不清」，因為理論上在宋宣公時，公子與夷才是嫡，公子和是庶。但父死子繼是周公訂的規矩，商朝是兄終弟及，而宋國是商朝的後代。然後，一旦宋穆公成為國君，公子馮才是嫡，而公子與夷是庶，此所以後世史家有評論認為，宋國的亂局起於宋宣公、宋穆公兩兄弟壞了嫡長制。

傳嫡還是傳賢？立嫡還是立長？千年來始終爭論不休。無論如何，嫡長制崩壞是春秋時期諸侯國際的一個重要亂源。事實上，沒有一個制度是完美、萬全的，嫡長制不理想，但在當年卻足以維穩。

封建制度的主體是封國，封國內部維穩除了國君地位不輕易動搖之外，各大夫家對國君的效忠也是維穩一大力量。但隨著嫡長瓦解，大夫跟國君之間的君臣關係也開始起變化——下章分曉。

3. 君不君臣不臣——君臣關係腐蝕

君臣關係是封建諸侯國的政治基石，隨著嫡長制破壞，奪位、奪嫡事件不斷發生，甚至外國勢力干預都不再是非常態，臣子對國君的效忠跟著起了變化。

嫡長制是周公旦建立的，當周武王崩逝，周成王年少即位由周公攝政，武王的兩個弟弟管叔和蔡叔不服，聯合武庚叛變，周公率軍東征平亂，這是嫡長制第一次重大挑戰，如果周公敗了，嫡長制就夭折了；幸而周公東征勝利，但不久又面臨另一個考驗——周公要不要將王位讓回給成王？如果周公在成王成年後仍然繼續「攝」下去，即使他有心要歸政，也會變成前章述及的「魯隱公模式」。而周公在攝政的第七年歸政成王，「北面就臣之位」，這個動作奠定了君位嫡長制，同時昭示君臣關係不可逾越。往後三百年基本上施行順利，可是進入東周之後，隨著嫡長制持續剝落，君臣關係也開始腐蝕。

一個「小」事件：虢公（虢國國君）對周王說他的大夫詹父的壞話，詹父則向周王提出辯解。結果周桓王偏袒詹父，詹父帶領周天子的軍隊攻擊虢公，虢公逃到國外。《左傳》對這件事只記載了二十五個字，沒有來龍也沒有去脈，卻足以看出君臣關係出現了質變：虢公當時是周桓王的卿士，地位相當於宰相，卻要向周王訴說臣下的過失，而詹父不但能跳過自己的國君，直接向天子提出辯解，還能指揮天子的軍隊攻打自己的國君！

另一個事件就大了：宋國一員勇將南宮長萬弒殺國君宋閔公，並且殺大臣、盡逐諸公子。禍端源於之前二年，宋國和齊國聯合攻打魯國，魯軍奇襲宋軍，宋軍潰敗，齊軍撤退。戰鬪中，魯莊公用一支名叫金僕姑的箭射中南宮長萬，南宮長萬被俘，戰爭結束後魯國釋放南宮長萬回宋國。

隔年，宋閔公跟南宮長萬在秋獵時為爭獵物而口角，閔公氣急之下口不擇言：「我以前很敬重你，可是你現在是敵國放回來的戰俘，我不再尊敬你了！」南宮長萬懷恨在心，謀畫一年設局刺殺宋閔公，騷亂中又出手過重，造成聞訊趕來的大夫仇牧跌倒死亡，殺紅了眼一不做二不休，將太宰華督殺死（就是前章述及的華父督），立公子游（閔公之子）為國君，宋國公族包括前五任國君的子孫都逃出國都。群公子在蕭城集結力量並向曹國借兵反攻，擊敗南宮長萬，另立公子御說（閔公之弟），是為宋桓公。

由華父督到南宮長萬，宋國已經發生兩次弒君案，差別在於，前者華父督是宋國公族（姓子），算是宮廷政變，後者南宮姓源於姬姓，是《左傳》記載的第一樁異姓大夫弒君政變。而政變後另立的新君，君位靠臣子而來，臣子的氣焰自然就高了，這也是君臣關係變化的原因。

君臣關係原本建築在「君仁臣忠」之上，問題在於，君仁不仁只能靠國君自覺，無法監督，即使君不仁，臣子仍得盡忠。現在君臣關係變了，君不仁則臣可以不忠（而且臣子完全憑自己的感覺認定「君不仁」），而不忠除了像南宮長萬那種極端反應之外，主要有兩種型態，以兩個例子說明：

晉獻公廢后、立新歡驪姬為后，驪姬害死太子，獻公將另外兩個兒子重耳、夷吾送到邊區城邑（這一段故事後面會詳細述說），命心腹大臣士蔿幫二位公子築城。士蔿是最能揣摩獻公心思的人，他曉得獻公將來一定會討伐這兩位公子，於是在築城時，版築泥土裡比正常多添了薪柴（較不耐雨水沖刷）。公子夷吾發現，就向晉獻公告狀，晉獻公心裡明白怎麼回事，但表面上還是派了使節去責備士蔿。士蔿感嘆說：「不好好築城是不敬，用心築城是不忠，不敬不忠必獲其中一罪。三年內必定有事，眼看將來一國三公，我實在無所適從啊！」後來果然兩位公子都當了公（國君）。

楚文王伐蔡，俘虜蔡哀侯，蔡哀侯當眾大罵楚文王，文王火了，要烹殺蔡哀侯。楚國大夫鬻拳進諫：「殺一個蔡侯輕而易舉，但是可能使得中原諸侯因此對楚國更懷戒心，莫如放回蔡侯，既得一盟友，又爭取到諸侯向心。」楚文王怒氣未歇，不答應，鬻拳拔出劍來威脅楚文王，文王才答應。文王知道鬻拳是為了楚國霸業而有如此動作，所以不追究，鬻拳則自刖一足以示知罪受罰。文王將那隻斷足放入楚國宗廟，表彰鬻拳能忠於國家又能忠於國君。

鬻拳成了殘疾人，楚文王命他當大閽（郢都守城指揮）。楚文王領軍討伐巴國，被流矢射中面部，楚軍大敗，退回郢都。鬻拳認為，楚國被一個小小巴國打敗，無面目對宗廟，因此拒開城門，要文王去討伐黃國，得勝後才稱得上凱旋班師。文王只好去攻打黃國，戰事勝利，可是文王本人卻在歸國途中染病不起。鬻拳奉迎文王遺體，將他安葬後自殺，遺言將自己埋葬在絰皇（墓前甬道的門），表示死後也為文王守門。

上述兩個例子都屬於沒辦法中的辦法，但都還守禮，下一個故事就完全不一樣了：

楚國送了一隻黿（大鱉）給鄭靈公，靈公交給廚房烹煮黿羹。兩位鄭國大夫公子宋和子家正好進宮，公子宋（字子公）的食指突然自己動了起來，他秀給子家看，並說：「以往每次這樣，總能吃到特殊的食物（必嘗異味）。」進宮果然看到廚房人員正要剖開那隻黿，兩人相視而笑。鄭靈公問他倆笑什麼？子家就告訴國君原委。

等到黿煮好了，鄭靈公分食諸大夫，召來子公卻不分給他。子公生氣了，將食指伸進鼎內，沾而嘗之，然後出宮。靈公發怒要殺子公，子公和子家聯手，先下手為強殺了鄭靈公。

【原典精華】

楚人獻黿①於鄭靈公。公子宋與子家將見，子公之食指動，以示子家，曰：「他日我如此，必嘗異味。」及入，宰夫將解②黿，相視而笑。公問之，子家以告。及食③大夫黿，召子公而弗與也。

子公怒，染指於鼎，嘗之而出。公怒，欲殺子公。子公與子家謀先，……夏，弒靈公。

——《左傳・公子宋弒靈公》

①黿：音「元」，大型的鼈。
②解：宰割。
③食：破音字讀「四」，分食。

鄭國大夫擁立子良（鄭穆公庶子，鄭靈公弟弟），子良推辭說：「論賢能我不夠，論年齡則子堅為長。」於是立子堅為君，是為鄭襄公。襄公的君位得來突然，他的危機感很重，跟子良商量除去穆公的其他兒子，子良說：「請保全先君的兒子，如果一定要除去他們，我獨活有何意思？」襄公於是沒有盡殺兄弟。

鄭靈公跟子公那一段很有象徵意義：靈公認為「我是國君，分配食物是我的權力，而鼎是君權的代表物，你怎麼可以染指於鼎？」子公想的是，「我的食指大動乃天賦異稟，老天給我的權利怎麼可以剝奪？」同時又看到，鄭國國君和大夫之間互動近乎兒戲，用「君不君，臣不臣」來形容，還真貼切。這件事發生在春秋中期，君臣關係比起春秋初期又更腐蝕了。

「君不君，臣不臣」，周天子也有很大的「貢獻」。下回分解。

4. 繻葛之戰——周天子自降身份

周平王東遷靠鄭武公力挺，因此鄭武公和鄭莊公都擔任平王的卿士，地位在所有大夫之上。

鄭莊公在諸侯之間跋扈，可想而知對待周王的大夫態度必然倨傲，於是諸大夫慫恿平王再任命一位卿士，也就是分掉鄭莊公一半權力。鄭莊公感覺到平王的態度有點冷淡，很快的發現他可能被分權，於是向平王提出質疑，

周平王信誓旦旦說「沒這回事」，鄭莊公說「外面言之鑿鑿」，平王拗不過卻出了個下策——跟鄭莊公交換人質，王子姬狐去鄭國當人質，鄭國太子姬忽到周王畿當人質，風波平息。

可是當年平王就駕崩了，周桓王即位，想要任命虢公為卿士，鄭莊公不爽，命大夫祭

仲兩次帶兵進入王畿，春天割了王畿的麥子，秋天又搶了雒邑已收成的穀子，周鄭交惡，關係瀕臨決裂，但任命虢公為卿士的事情就此擱下。

鄭莊公為此三年不朝見周桓王，三年後他第一次去朝見桓王，桓王仍然讓他當卿士，可是過了兩年，周桓王獎勵虢公平定晉國內亂，任命虢公為右卿士，鄭莊公為左卿士，不久就免去鄭莊公的卿士，任命周公（姬黑肩）為左卿士。

鄭莊公火了，再度不朝見周桓王，桓王號召諸侯聯軍（陳、蔡、衛）伐鄭，鄭莊公當時國勢正盛，當然不示弱，率軍對抗王師，雙方在繻葛交戰，鄭軍擺出魚麗之陣（《左傳》第一次記載陣法，軍隊實際配置不可考，顧名思義是層層相扣的堅實布陣），莊公採納公子突的建議，先擊潰陳、蔡軍，然後由公子忽展開側翼突擊，果然陳蔡軍潰敗，聯軍為之陣形大亂，鄭國大夫祝聃一箭射中周桓王的肩膀，祝聃請求追擊，鄭莊公制止了他。當天夜裡，鄭莊公派祭仲去慰問周桓王並問候周王左右。

這就是春秋的一場重要戰役「繻葛之戰」，戰爭規模和過程激烈都不怎麼樣，可是周王從此體面不存，只剩下一個「天下共主」的虛名。而史家評論，周王自降身份其實起於平王跟鄭莊公交換人質——安撫鄭莊公可以有其他很多種方法，而交換人質等於把自己降低到跟諸侯平等地位，再加上繻葛之戰王師敗績，就回不去了。

事實上，周王在繻葛之戰以後，並未想要重振威望，反而不斷做出傷害自己天子身份的事情，舉兩個例子：

周桓王的兒子周莊王在位時，虢公和晉侯一同朝見，莊王款待他們，並賜給器物，兩人得到的器物完全一樣：玉五對、馬三匹。那是不合周禮的，因為公、侯名位不同，爵級有差。然而，周莊王其實是實力考量，虢公雖然親近，但是國力微小，晉國則是鄰近王畿的大國，逾越禮數是為了籠絡晉國。

周襄王（莊王的曾孫）在位時，發生王子帶（襄王幼弟）之亂，晉文公出兵幫襄王維穩，擊敗並俘虜王子帶。晉文公朝見周襄王時，請求讓自己享有「隧葬」（天子的葬禮）的殊榮，襄王沒答應，但賞給晉文公陽樊一帶四個城邑——周襄王記取前人教訓，沒破壞禮制，卻開了割地的先例。

總之，周天子漸漸只剩下一個虛名，諸侯需要藉天子之名進行攻伐時才「尊王」，爭到盟主後，往往「召」周王來盟會，實質意義是要天子幫霸主背書。

周天子自降身份與諸侯同列的影響是，當諸侯之間有紛爭時，天子出面裁決或調解就沒了威信，以前諸侯攻伐要有天子之命，以後根本不甩天子。然而，春秋時代畢竟還不到完全比拳頭大的地步，於是有一個國家得意一時。下章分解。

5. 周公的子孫詮釋周禮——魯國的祖先餘蔭

魯國是周公旦的封國，可是周公旦一直都在鎬京輔佐周武王和周成王，由兒子（姬）伯禽就封國為諸侯，是為第一代魯公。由於有這麼一層親密關係，魯國在西周時有王室支持，國力始終強盛，進入東周以後仍稱得上東方強藩。

先說一個小故事。魯隱公時，滕侯和薛侯去魯國朝見，兩個國君爭排名（爵位相同）。薛侯說：「我的國家先封，應該我排在前面。」滕侯說：「我的祖先是周朝的卜官，跟周王室同姓，而薛是庶姓（薛國姓任），同姓不可以排在庶姓之後。」魯隱公派魯卿羽父（前章提及他後來弒隱公）傳話給薛侯：「閣下跟滕侯都是寡人的貴賓，周禮說，諸侯往來由主人決定禮儀，周朝建立時，同宗諸侯有盟誓，異姓排名在後。如果哪天寡人去薛國訪問，絕對不敢跟其他姓任的國君爭先。」於是滕侯排在前面。

說明一下。薛國是個古老諸侯國，打從夏朝就存在（祖先是大禹的車正，相當於交通部長），周武王伐紂聯軍的八百諸侯之一，封在薛；滕國初祖是周武王的弟弟（姬）繡，滕國在薛國隔壁，旁邊有一個比他們大的郳國，他們為了不受郳國霸凌，所以都依附魯國。羽父的說法其實是擠兌薛侯，因為魯君不大可能去薛國，而薛國也沒有同姓的諸侯國。

從這個故事看出，魯國在諸侯之間肯定是比較「龜毛」的，凡事搬出周禮肯定不討其他諸侯之喜。然而，遇到諸侯想要「繞過周王」的時候，魯國就有利用價值了。

前文提及宋國華父督弒宋殤公立宋莊公，魯桓公約齊、陳、鄭三位國君會盟，承認宋莊公的國君地位和華父督的太宰地位，華父督向鄭、齊、陳、魯致送賄賂，送給魯國的是郜大鼎。

郜大鼎是郜國的國寶，郜國是伯爵國，初祖是周武王的弟弟。春秋初期，郜國國勢衰落，成為宋國的附庸。之前鄭、齊、魯三國聯軍伐宋，攻下郜邑，鄭莊公將郜邑讓給魯國，魯國再讓郜國復國（降為子爵），仍為宋國附庸。華父督發現，魯國不重視土地而重視他做為周禮詮釋者的地位，因此將郜大鼎送給魯國，魯桓公將郜大鼎放在魯國的太廟裡。

總之，春秋初期的魯國非常高姿態，諸侯會盟（多半為了軍事行動）都要邀約魯國，魯國不是弱國，但稱不上強權，若非嚴重違反周禮（例如前述「宋公不朝」），魯國總是採勸和的立場。

又如前文提及鄭莊公逝世，宋國介入鄭國內戰，魯桓公想要為兩國講和，跟宋公三次會盟，宋公始終不肯跟鄭國復歸友好。魯桓公火了，邀鄭厲公會盟，聯軍伐宋。

綜觀《左傳》，後來諸侯相互攻伐或內部政變，常常會出現「賂魯以求某鼎」的記載——鼎是政權的象徵，魯國是周禮的詮釋者，由魯國送一個鼎給新的政權有「定鼎」的象徵意義。而魯國在其他國家忙於爭奪土地的時候，努力蒐集大鼎，在它後來國力衰落時期，成了它的生存之道——進入戰國時期，在七雄之外，魯國是最後被滅亡的三個國家之一。

有道是危機也可以是轉機，制度的瓦解讓周王朝和很多諸侯國無法維穩，但也有諸侯國在動亂過程中「轉骨」成為大國、強國，其中晉國是最具代表性的例子。下章分解。

臧孫氏三代賢臣

魯國成為周禮詮釋者除了它是周禮制訂者周公旦的後代之外，魯國有一個執著周禮的傳統，代表性人物有大家知道的孔子，春秋初期則是臧孫氏一門三代賢人：臧僖伯、臧哀伯、臧文仲。

主文提及宋國送郜鼎給魯國時，魯卿臧哀伯向魯桓公提出諫諍，長篇大論不詳述，大意是：「作百姓君主的人，要發揚德行，堵塞違禮的行為，以昭示百官、訓示子孫，所以太廟的建築、儀仗、供器都有它的意義。如今卻反其道而行，將受賂的郜鼎安置在太廟，百官如果效法行賄受賄，君王又憑什麼譴責他們呢？國家的衰敗，始於官吏不走正道。官吏喪失德行，就是仗著恩寵公然收受賄賂。郜鼎放進太廟，沒有比這更壞的榜樣了！」

這番話魯桓公當然聽不進去，可是魯國的內史（官名，姓名不詳）卻稱讚說：「臧孫達能夠以德行勸諫國君，他的後代應該能在魯國世代享受爵祿吧！」臧孫氏確實一直是魯國重要的大夫家族，後來被三桓排擠而式微。不過，這番稱讚正足以顯示臧哀伯德不孤。①

臧哀伯的父親臧僖伯開始擔任魯國的卿，也是一位執著周禮的代表人物。魯隱公要去堂邑觀看張網捕魚，那是國政以外的休閒娛樂活動，臧僖伯提出諫諍：「國家大事只有祭祀和軍事，國君提倡遊樂稱為『亂政』，社會風氣將為之敗壞。

春蒐、夏苗、秋獮、冬藏是利用人民農隙之時講武，農穫有三年豐收才舉行大規模演習（不耗費民力）。至於在山川沼澤獵捕鳥獸的事情，交給老百姓去做、基層官員去管就好，不是國君的事情。」魯隱公說：「我是去巡視防務的。」仍然去堂邑觀看張網捕魚。

臧哀伯的孫子臧文仲服事四位魯君擔任魯國司寇不間斷，史稱他「執禮維護公室。博聞強識，不拘常理」，相較於祖父、曾祖父，他做出很多改革，例如廢除關卡，便利商旅，外交上也有功績，包括荒年向齊國借粟、向楚國借兵抵抗齊國等。

魯國有這樣的賢大夫，執著周禮還能應時制宜，是它在春秋諸侯國際維持高度影響力的一個充分條件。

①作者註：臧哀伯姓姬名達，魯孝公的兒子姬彄的封邑在臧，後代乃以地為氏稱臧孫氏，哀是臧孫達的謚號。

6. 危邦變大國——晉國小宗取代大宗

晉國最初受封有一個很好的故事：

周成王時，唐國發生變亂，周公旦率兵平定亂事。成王跟小弟弟（姬）虞在花園遊憩時，拿一片桐葉當作玉珪給叔虞說：「將唐給你當封邑。」史佚（周王室的史官）於是請成王擇日立叔虞為唐國國君，成王說：「我是跟他說著玩的。」史佚說：「天子無戲言。天子一旦說出口，史官就要記下來，並且行禮、奏樂來實現天子之言。」於是將叔虞封到唐國，叔虞的兒子（姬）燮改國名為晉，建都於翼。

第八世晉穆侯逝世，弟弟殤叔搶姪兒的君位，太子（姬）仇逃出國，三年後太子仇帶領徒眾攻殺殤叔搶回君位，是為晉文侯。文侯逝世，太子即位為晉昭侯，昭侯擔心歷史重演，所以將叔叔（姬）成師封到曲沃稱為曲沃桓叔。曲沃的城比翼都的城還大，被認為「支幹太大不利於主幹」，果然過不了幾年就發生大夫弒殺昭侯，想要迎桓叔入替，但是翼都大夫都不接受，改宗沒有成功，昭侯的兒子即位為晉孝侯。十五年後，桓叔的兒子曲沃莊伯弒殺晉孝侯，但是晉國翼都的大夫共同擁立孝侯的弟弟為晉鄂侯，政變又不成功。莊伯再攻打翼都趕走鄂侯，這回認為小宗取代大宗不會成功，因此立鄂侯的兒子為晉哀侯。

晉哀侯昏庸貪婪，搶了晉國南方小邑逕庭的田地，逕庭人聯合曲沃武公（莊伯的兒子）攻打翼都，晉軍大敗，哀侯被俘，翼都的大夫擁立哀侯的小兒子為小子侯。曲沃武公誘騙小子侯前來並將他殺害。這一次，周桓王看不過去了，派虢仲帶兵討伐曲沃武公，曲沃武公抵擋不住，退回曲沃，晉國大夫擁立哀侯的弟弟緡為國君，是為晉侯緡。隔年，曲沃武公趁周王室內部發生變亂，管不到晉國的亂事，發兵攻進翼都，殺了小子侯，併吞晉國全部土地，然後拿出所有的珍寶器物賄賂周釐王和輔政卿士，結果周釐王命曲沃武公為晉國國君，列為諸侯，此後稱為晉武公。

經過一連串的變亂後，晉國的「小宗」終於取代了「大宗」。此後，晉國因為晉武公實行富民強兵政策，發展晉國的經濟與軍事而開始強大。後世晉國大夫常常將「繼文紹武」掛在嘴上，指的就是晉武公和後來的晉文公能夠發憤圖強、建立偉業。①

晉武公的兒子晉獻公更大大擴張了晉國的版圖，而且他計謀百出，最有名的故事是「假途滅虢」：

前面提到周王命虢仲討伐曲沃武公，之後周王室的輔政卿士周公忌父得罪了晉獻公逃到虢國，晉獻公因此想要討伐虢國，可是奈何兩國不接壤，中間隔一個虞國。

晉大夫荀息向獻公建議，以名馬與璧玉致贈虞國國君，交換虞國借道給晉軍討伐虢國。晉獻公說：「虞國有一位賢大夫宮之奇，恐怕不會接受。」荀息說：「宮之奇性格懦弱，不會對國君強諫。更因為他是虞君從小帶大的，君臣關係親暱，虞君貪寶而不會接受宮之奇的諫諍（因為不在乎他生氣）。」於是荀息帶著寶馬、寶玉出使虞國，果然宮之奇向國君提出警告：「虢國和虞國好比嘴唇和牙齒，嘴唇一旦沒了，牙齒肯定會受寒，不能因為寶物而壞了跟虢國的盟友關係。」虞君說：「就算失去虢國這個朋友，換來更強大的晉國作朋友，有什麼不好呢？」於是不但答應借道，還請求兩國聯軍伐虢，而且虞軍願意先出兵打頭陣。

①作者註：「大宗」、「小宗」都是姬姓公族，且有周天子認證，沒有篡位問題。

【原典精華】

晉荀息請以屈產之乘與垂棘之璧，假道於虞以伐虢。公曰：「宮之奇存①焉。」對曰：「宮之奇之為人也，懦而不能強諫，且少長於君，君暱②之，雖諫，將不聽。」乃使荀息假道③於虞，……宮之奇諫，不聽。

……

晉侯復假道於虞以伐虢。宮之奇諫曰：「虢，虞之表也。虢亡，虞必從④之。晉不可啟⑤，寇不可玩⑥，一之謂甚，其可再乎？諺所謂『輔車相依，脣亡齒寒』者，其虞、虢之謂也。」

——《左傳・宮之奇諫假道》

①存：在。
②暱：親暱。
③假道：借路。
④從：跟隨其後。

⑤晉不可啟：不可以開啟晉國的貪心。

⑥玩：輕忽。

於是晉軍和虞軍聯合攻打虢國，這場戰爭打了三年，終於滅了虢國。聯軍凱旋班師，晉軍在虞國都城外駐紮，趁夜攻進城內，滅了虞國——這是成語「唇亡齒寒」的典故出處。

晉獻公在位時期，晉國擴充軍隊由一軍為二軍（每軍一萬二千五百人），征伐周邊的戎狄國家，並且跟他們聯姻：獻公原本有一個兒子太子申生，他娶了大戎國君的女兒狐姬，生一個兒子重耳，又娶了小戎國君的女兒，生一個兒子夷吾，攻打驪戎再娶驪姬，驪姬生一個兒子奚齊，她的陪嫁生一個兒子卓子——晉獻公擴充軍隊、擴大領土的同時，也擴大了他的後宮，卻埋下了動亂的因子。②

驪姬想要將她的兒子立為太子，可是前面排了三個哥哥，必須排除這三個障礙。她買通獻公寵愛的兩位近侍，向獻公提出：「曲沃有先君宗廟，蒲和屈是邊防要地，不可以沒有人去鎮守。建議讓太子去駐守曲沃，另外兩位公子去鎮守蒲和屈。」晉獻公聽了覺得有理，於是命申生去曲沃、重耳去蒲、夷吾去屈，只留奚齊和卓子在絳都（獻公由翼遷都至絳）。

前面第三章述及，獻公命大夫士蔿幫重耳與夷吾築城，士蔿感慨賦詩：「一國三公，吾誰適從？」就是這個背景。

士蔿的「一國三公」後來果然成真，而他本人則被驪姬陷害，自縊而死。

晉國後面的故事很精彩，這裡且暫時按下不表。因為，跟晉國同時崛起的還有楚國，故事得先講。下章分曉。

②作者註：周制諸侯大國可以建立三軍、中國二軍，小國一軍。曲沃武公賄賂周釐王成為諸侯時，晉國是小國，此時升一等為中國。

7. 南方強權自封王——楚國崛起

楚國的歷史比大多數周王封的諸侯要早很多，夏朝時就有一支為侯伯（受封為諸侯），商朝時也有一支為侯伯但被商紂王滅了。周文王時，有一個名叫熊麗的在周國做官，周成王大封諸侯，將熊麗的孫子熊繹封到楚蠻之地，爵位是子爵，國都在丹陽。

問題在於，熊繹跟姬伯禽（魯國始祖）、姬牟（衛國始祖之子）、姬燮（晉國始祖）、呂伋（齊國始祖姜太公之子）一同在周成王的朝廷做官，那幾個都是公爵、侯爵，他卻連個伯爵都搆不上，心裡頭不平可想而知。

周夷王時，王室衰微，當時的楚君熊渠在江漢（長江中游漢水流域）一帶稱雄，併了附近幾個國家的土地，熊渠說：「我是蠻夷，不必遵守周王的制度。」立自己的三個兒子到漢水流域各地方都稱王。到周厲王時，周王室轉強，厲王又是個暴君，熊渠乃自動去除王號。

事實上，周王室對楚國始終有顧忌，從周成王的孫子開始，就在楚國的北邊封了所謂「漢陽諸姬」、「淮夷諸嬴」，任務都是防備「荊蠻」，也就是楚國。①

楚國為什麼是「蠻夷」？

「諸夏」跟「蠻夷」的分別在於生活方式。飲食方面：東夷和南蠻「不火食」（生吞活剝）、西戎和北狄「不粒食」（不吃粟）；服飾方面，東夷披髮紋身、南蠻雕題交趾（額頭剌青、赤足）、西戎披髮衣皮、北狄衣羽毛穴居。也就是說，在諸夏眼中，蠻夷戎狄是文明落後民族，而有如此歧視稱呼。此亦所以《左傳》的記載中，中原地方其實有很多蠻夷戎狄國家，並不是那些國家位置偏遠，而是他們的風俗文明不同，有些甚至得到周王封為諸侯，但仍稱蠻夷戎狄。很可能，熊繹雖然身在周王室任官，他可以「火食、衣帛」，但額頭的剌青永遠被同儕歧視。

及至周平王東遷雒邑，周王室從此衰微，漢陽諸姬失去靠山，前幾章述及的各種亂象

---

①作者註：姬姓跟姜姓、嬴姓自古就通婚。

紛紛出現，當時的楚國國君熊通於是想要恢復王號，楚國令尹（楚國最高行政官，等同宰相）鬪伯比對熊通說：「漢陽諸姬的老大是隨國，我們一方面發兵攻打隨國，同時派人去要求會盟，用這樣硬軟兼施的手段，如果能讓隨國臣服楚國，漢淮諸國就會跟著臣服，然後恢復王號才是實至名歸。」熊通採納他的獻策，親率大軍伐隨，在接近隨都的地方屯軍不進，派大夫薳章為使節要求隨國會盟，隨國迫於形勢答應。[2]

之後，楚國廣邀江漢諸國會盟，來了十一國，可是隨侯沒來，熊通乃命大夫屈瑕討伐隨國，隨國大敗。隨侯逃出國境，派人向熊通說：「我哪裡得罪您啦？」熊通說：「我是蠻夷，不必照周禮來。如今諸侯相互攻伐，不甩周王，我有一支不怎麼樣的軍隊（假謙虛，其實是誇耀武力），想要去參與周王室的政事，麻煩你去跟周王說一聲，請王室給我尊號（稱王）。」

隨侯沒選擇，只能硬著頭皮去跟周桓王報告，桓王當然不會答應，隨侯回去告訴熊通，熊通大怒說：「我的祖先鬻熊擔任周文王的師（官名，非老師），周成王卻只封我先公子爵，如今蠻夷諸國都臣服於楚國，而周王卻不肯提升我的爵位，我只好自己稱王了。」於是自稱王號，是為楚武王。從此，楚國國君都稱王。

楚武王繼續擴張版圖，戰功最彰顯的是莫敖（官名，當時與令尹同級，後來位階降低）

屈瑕，之前屈瑕大敗隨軍，之後擔任主帥跟隕、隨、絞、州四國聯軍對戰，大敗聯軍；隔年，楚武王領軍攻絞，包圍絞國都城後，屈瑕獻計，軍隊的採樵人沒有護衛，絞人因此俘虜了三十個楚軍採樵人，於是輕視楚軍。翌日，絞軍爭著出城抓採樵人，一直追到山裡，楚軍早就埋伏在北門，從後方包抄絞軍，大敗之，迫使絞國簽署城下之盟。

總之，楚武王在位五十一年，擴充版圖最多，楚國成為南方強權，所有小國都不得不臣服於楚，後來乾脆將小國滅了，改國為縣，縣長稱為「公」——他自己稱王，派任地方官稱公，也算過了王的癮。

周桓王崩逝，繼位的周莊王將隨侯叫去雒邑，責備他坐視楚子自稱王，隨侯回國後就不敢對楚國太恭敬，楚武王認為隨侯改變態度會影響江漢諸小國的態度，此風不可長，於是親率大軍伐隨，途中病死。但他建立的大國榮譽感仍然延續，因此發生了第三章「鬻拳兵諫自刖雙足」的故事，而鬻拳第一次兵諫楚文王的故事值得詳細述說：

楚國北方有兩個姬姓侯國息國和蔡國，國土相鄰且國君還是連襟，可是蔡哀侯調戲小姨子，得罪了息侯。息侯跟楚文王密謀設計，要楚文王假意攻打息國，蔡國跟息國有攻守

②作者註：史書上隨國與曾國常混用，因而有爭議，本書從《左傳》。

同盟，蔡哀侯率軍來援救時，息軍倒戈，楚軍俘虜了蔡哀侯。

蔡哀侯惱羞成怒，大罵息侯不義、文王詭計，楚文王被他罵火了，下令烹殺蔡哀侯，祭祀太廟。鬻拳認為此舉將使得周邊鄰國寒心，對楚國的霸業有害，於是演出「鬻拳兵諫」，當場下令放了蔡哀侯。

桃花夫人

蔡哀侯逃過一劫，心思報復，就在楚文王面前不斷渲染息嬀（息侯夫人）的美貌，楚文王被他逗得心癢，於是找理由去息國訪問，見到息侯夫人果然美貌無雙，隔天設宴款待息侯，就在席間逮捕息侯。息侯夫人聞訊，第一念是投井自盡，轉念為了救息侯性命，答應跟楚文王回楚國，嫁給楚文王。③

進了楚宮的息夫人，閉口一句話也不說，楚文王逼問她為什麼不說話，她終於開口：「我一個女子，侍候兩個丈夫，縱然不能尋死，活著又有什麼話好說！」楚文王認為這都是蔡哀侯的錯，於是發兵滅了蔡國。

息嬀為楚文王生了兩個兒子（熊）堵敖和（熊）惲，文王死後，堵敖繼位，卻兄弟不和，哥哥要殺弟弟，弟弟逃到隨國，借隨侯之兵回楚國殺死哥哥自立為王，是為楚成王。

楚成王在位初期，大權握在文王的弟弟令尹子元手中，子元貪慕息嬀美色，數度闖進王宮調戲息嬀，大夫鬪廉勸阻他，被他囚禁，鬪氏族人發兵殺了子元，大權才回歸楚成王。

息嬀的下場有很多版本，其中之一是跟息侯重逢，一同跳桃花溪而死，後人因此稱她桃花夫人。另一說是，息嬀美貌「面似桃花」，因此有桃花夫人之稱。

息嬀的兒子楚成王堪稱強爺勝祖，打下了楚國後來爭霸中原的基礎。但是這裡得緩一下，春秋第一位霸主要先上場。下章分解。

③作者註：息侯夫人是陳國的公主，陳國姓嬀，嫁給息侯舊稱息嬀，姊姊嫁給蔡侯就稱蔡嬀。

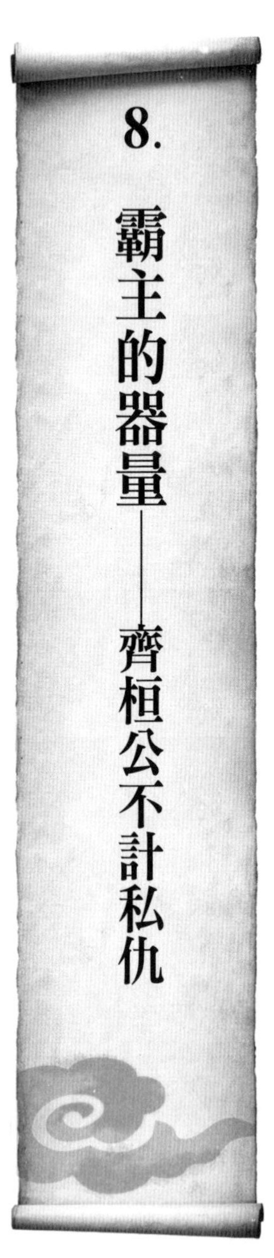

8. 霸主的器量——齊桓公不計私仇

東方濱海的齊國是姜太公的封國，它跟南邊毗鄰的魯國共同擔當鎮服東方諸侯的任務。周成王曾經授權「東至海，西至河，南至穆陵，北至無棣，五侯九伯實得征之」（古地名不考據），總之齊國有了征伐大權，成為區域性大國。且因姜太公是中國歷史上第一位軍事天才，齊國又是區域性強國，齊國和魯國一武一文，幫周王室穩住了東方——鎬京發生過多次動亂，東方都能維穩。

平王東遷雒邑，諸侯國際脫序，齊國不再是區域超強，但始終積極參與諸侯會盟，當時會盟都是為了發動戰爭，齊國跟鄭國、魯國、宋國都是諸侯國際的活躍角色。

直到齊襄公即位。

襄公在位期間不但搞壞了跟魯國的關係，把百年夥伴變成仇敵，內政方面更惹出政變，自己也因此喪命。

襄公的父親是齊僖公，僖公的同母弟弟（姜）夷仲早死，留下一個兒子公孫（姜）無知，僖公愛屋及烏縱容無知，允許無知的服飾、儀仗、俸養都比照太子。僖公逝世襄公即位後，降損了無知的服秩待遇，無知於是心生怨恨。

襄公派大夫連稱、管至父去戍守葵丘，瓜熟時前往，約定瓜再熟時派人去接替，可是一年後時間到了，卻沒聽到換防的音訊。向國君提出換防請求，齊襄公卻不准，兩人心懷怨懟，於是鼓動公孫無知謀反。連稱有個堂妹在襄公後宮卻不得寵，連稱要她探聽襄公的行動並通風報信，公孫無知對她說：「事成，立妳為夫人。」

襄公到國都臨菑城外打獵，連、管兩人趁都城空虛造反。先說打獵，一隻野豬竄出，襄公一個隨從說：「那是彭生啊！」襄公又驚又恐，拿起弓箭射去，野豬突然人立起來並尖聲啼叫，襄公被嚇到，從車上跌下，傷了腳、掉了鞋。

回到宮中，跟管鞋子的僕人「費」要鞋子，動作慢了，襄公拿起鞭子打費，打到見血。費往外跑，在宮門遇上叛軍，叛軍將他抓起來，費說：「我跟你們是同一邊的。」解開衣服露出背上的鞭痕，叛軍於是相信他。費表示要先進去打探，他進宮後將齊襄公藏起來，再回頭跟叛軍戰鬥，死在宮中。叛軍衝進宮中，在床上殺死了襄公的替身，發現相貌不對，再搜，從一扇門下面看見襄公的腳，將他拉出來殺害，連、管擁立無知為君。但是無知只當了一個冬天的國君，他在開春時巡視雍林，雍林人跟他有夙怨，圍攻並殺死無知，告訴齊國大夫說：「無知弒君自立（扣他罪名，其實不是他發動叛亂），我們只是誅亂，聽憑你們要立誰為君。」

在此之前，襄公亂政頻生，大夫鮑叔牙護衛公子（姜）小白出奔莒國。連、管叛亂發生時，大夫管仲、召忽護衛公子（姜）糾出奔魯國。國君虛位消息傳到魯、莒，兩位公子當即出發回齊國。魯國大、莒國小，魯莊公派出軍隊盛大護送子糾回國，卻因隊伍龐大而前進較慢；小白的隨從隊伍相對簡單，前進較快。管仲瞭解狀況，於是輕車簡從趕到莒國通往臨菑的路上，小白的隊伍到了，管仲暗箭射向小白，剛好射中小白的腰帶帶鉤，小白很機警且有急智，迅即倒下，命左右大聲喧嘩「公子中箭身亡」。管仲不疑有他，回到子糾的隊伍，放心緩緩前進。

於是，小白先一步到達臨菑，即位為齊桓公，發兵抵拒魯國軍隊，兩軍打了一仗，魯軍敗，且被齊軍切斷退路而受困，進退不得。

鮑叔牙向齊桓公進言：「國君如果只想要治理齊國，有高傒和我就夠了；但若國君想要稱霸諸侯，非管夷吾（管仲字夷吾）不可，管仲在哪個國家，那個國家就會強盛，這種人才不能失去。」齊桓公接受鮑叔牙的進言，於是派出使節跟魯國說：「子糾是兄弟，我下不了手，麻煩貴國將他解決掉；管仲是仇人，我一定要親自將他烹殺煮成肉醬（醢之），請將他送回齊國。」魯國軍隊仍困在齊國境內，魯莊公因此下令殺了公子糾，並將管仲綁縛送回齊國。

到臨菑之前，鮑叔牙親自前往「接收」管仲，並親自為他解開綁縛，然後齋祓（齋戒沐浴與除惡穢儀式）後晉見齊桓公，桓公以鄭重禮節拜管仲為大夫，委以國政大任。

齊桓公顯示了稱霸諸侯的企圖心，更展現了他足以擔當霸主的器量，管仲沒有辜負鮑叔牙的推薦，後來確實也讓齊桓公「值回票價」。然而齊桓公稱霸沒那麼快，齊國跟魯國的恩怨情仇得先處理，前文述及齊襄公的亂政及彭生是怎麼回事也有必要交代，下章分曉。

鮑叔牙——益友與賢臣的千古表率

沒有鮑叔牙，就沒有管仲。

【原典精華】

管仲曰：「吾始困時，嘗與鮑叔賈，分財利多自與，鮑叔不以我為貪，知我貧也。吾嘗為鮑叔謀事而更窮困，鮑叔不以我為愚，知時有利不利也。吾嘗三仕三見逐于君，鮑叔不以我為不肖，知我不遇時。吾嘗三戰三走，鮑叔不以我怯，知我有老母也。公子糾敗，召忽死之，吾幽囚受辱，鮑叔不以我為無恥，知我不羞小節而恥功名不顯于天下也。生我者父母，知我者鮑子也。」

——《史記．管晏列傳》

管仲說：「我曾經和鮑叔合夥做生意，分利時我總是多拿一些，但鮑叔不認為我貪財，因為他知道我家境不好；我曾經幫鮑叔謀事，結果害他陷入困境，但鮑叔不認為我差勁，他知道時機有利也有不利；我曾經多次做官，多次都被君主免職，但鮑叔不認為我沒有才幹，認為是我沒有遇到好時機；我好幾次參戰卻戰敗逃跑，但鮑叔不認為我膽小，知道我家有老母；公子糾失敗，召忽盡忠而死，我被關在牢中受屈辱，但鮑叔不認為我無恥偷生，知道我不介意小節，而是為功名不曾顯耀於天下而恥。生我的是父母，瞭解我的是鮑叔啊！」

一言以蔽之，鮑叔牙一貫認為管仲是個絕世高才，任何情況下都能體貼、照顧這個朋友。而他能夠在自己能夠擔任國相的時候，居然向國君推薦曾經企圖刺殺國君的人當國相，更是千古的賢臣表率。

孔子非常推崇管仲：「微管仲，吾其被髮左衽矣！」那是針對管仲輔佐齊桓公，尊王攘夷保護華夏諸侯。可是孔子認為鮑叔牙比管仲更稱得上賢臣：

子貢問孔子：「當世的人臣誰稱得上賢能？」孔子說：「我沒看到。可是從前齊國有鮑叔牙、鄭國有子皮，都是賢臣的典範。」子貢說：「可是，齊國有管仲、鄭國有子產，不是嗎？」孔子說：「你只知其一，不知其二。你認為推薦人才跟盡己之力，哪個好？」子貢說：「推薦人才比較好。」孔子說：「是啊，我們都聽說過，鮑叔牙推薦管仲、子皮推薦子產，沒聽說管仲、子產推薦過什麼人才。」

反而，管仲卻曾經反對鮑叔牙擔任國相：管仲病重，齊桓公在病榻前問管仲：「讓鮑叔牙繼任國相好不好？」管仲回答：「鮑叔牙性格太剛直，容易得罪國君，不適合。」於是齊桓公讓隰朋繼管仲為相。隰朋逝世後，齊桓公要鮑叔牙繼任國相，鮑叔牙說：「可以，但必須驅逐易牙、開方、豎刁三個佞臣。」齊桓公答應了他，可是卻因此「食不甘味」，不久就將三人召回，鮑叔牙因此抑鬱而終。

管仲反對讓鮑叔牙擔任國相，其實是瞭解老朋友，也是為國君考慮——「管鮑之交」不是只有私交深厚而已。

9. 山東老鄉的恩怨情仇——齊魯關係

齊桓公不計較管仲射他一箭的仇，卻沒忘記魯國大軍壓境的仇，他即位隔年就興師討伐魯國，兩軍在長勺對戰。

這一場戰役因為〈曹劌論戰〉一文寫得精彩而著名，其中名句「一鼓作氣，再而衰，三而竭」更傳頌至今。

齊軍攻魯，魯莊公動員備戰。曹劌請見魯莊公要提出建言，他的族人對他說：「那些在位、有祿的人（肉食者）應該要提出對策，你大可不必多事。」曹劌說：「做官的人只看見眼前小事（肉食者鄙），不能做長遠思考。」於是入宮請見。曹劌其實也是貴族階級，不是庶民。他是周文王一個兒子（姬振鐸，封邑在曹，後以地為姓）的後代，雖然當時沒在魯國做官，但仍有身份可以請見國君。

曹劌問莊公：「我們憑藉什麼跟齊國作戰？」莊公說：「我當國君，絕不獨佔衣食享受，都跟他人分享。」曹劌說：「這只是小恩惠，無法普及大眾，人民不會因此跟你上戰場。」莊公說：「祭祀用的牛羊玉帛，不敢隨便增加，一定照周禮來。」曹劌說：「這只是小誠實，無法感動神明，神明不會因此降福。」莊公說：「大小訟案，雖然不能一一明察，但一定體會情理處理。」曹劌說：「這是忠於國君職責的德行，人民會願意跟隨你一戰。出戰時，請讓我與你同車。」

開戰了，莊公準備下令擊鼓進軍，曹劌說：「還不行。」齊軍擊了三通鼓後，曹劌說：「可以了。」魯軍這才擊鼓進軍，齊軍敗退，魯莊公要下令追擊，曹劌說：「還不行。」曹劌下車察視齊軍的車輪痕跡，再登上車前橫木瞭望齊軍，然後說：「可以了。」莊公下令追擊，獲得重大戰果。

【原典精華】

既克①，公問其故，對曰：「夫戰，勇氣也。一鼓作氣，再而衰，三而竭。彼竭我盈，故克之。夫大國，難測也，懼有伏焉。吾視其轍亂，望其旗靡②，故逐之。」

——《左傳．曹劌論戰》

①克：戰勝。
②靡：倒伏。

戰事結束，莊公問曹劌是什麼道理，曹劌回答：「打仗，靠的是勇氣。兩軍對陣擂鼓三通後開戰。第一通鼓士氣振作，第二通士氣就衰了，第三通鼓士氣就竭盡了。對方士氣已竭而我軍正飽滿，所以能打敗齊軍。然而，大國軍隊訓練有素，虛實難料，怕有埋伏。我察看齊軍的車輪軌跡混亂，眺望他們旌旗歪歪倒倒，研判是真敗，不是詐敗，所以才敢建議下追擊令。」

齊國是姜太公的後代，魯國是周公旦的後代，兩國的始祖是周武王伐紂建立周朝的開國功臣（有革命情感），也是周王室鎮壓東方諸侯的兩個最重要國家（有相同任務）。可是在周王室衰微、諸侯國相互攻伐的國際現勢之下，兩個相毗鄰的大國／強國很難「友誼無上限」。

事實上，齊魯這兩個山東老鄉有著許多恩怨情仇。更遠的不提，齊襄公跟魯莊公的父親魯桓公就有一段怨仇：

魯桓公就是前文提及，被大夫羽父煽動刺殺魯隱公自立為君那位。他娶了齊僖公的女兒文姜，而文姜就是第一章鄭國太子（姬忽）拒絕娶的那個齊國公主。當時有好幾個諸侯國希望跟齊國聯姻，只有姬忽不識相，而魯桓公贏得勝利卻因此喪命。

事情是這樣的，文姜跟齊襄公是異母兄妹，沒出嫁前兩人就已私通，嫁給魯桓公後生下一子。魯桓公要出訪齊國，大夫申繻進諫：「女有家，男有室，不可相瀆，否則會出事情。」這個進諫很突兀，國君出訪鄰國跟家庭倫理有什麼關係？很顯然申繻知道或風聞了什麼，而魯桓公不聽申繻的，仍然帶著文姜前往齊國。

到了齊國，庶兄妹舊情復燃，魯桓公發現自己戴了綠帽，痛罵文姜，文姜跟齊襄公哭訴。齊襄公假裝好意宴請魯桓公，在宴會上將魯桓公灌醉，由一位齊國有名的力士公子彭生抱魯桓公上車，就在回賓館車上將魯桓公拉脅（扯斷肋骨）而死。魯國大夫立桓公之子為魯莊公，國難突發不宜起釁，要求齊襄公除去彭生，於是齊襄公殺公子彭生息事寧人。

這是前章故事中，齊襄公聽說「那隻野豬自稱是彭生」時驚恐跌下車子的前因。

魯莊公即位，仍然勉力維持跟齊國的關係不破裂。有一次，齊魯聯軍包圍郕國，郕國向齊軍投降，齊國獨享戰利不分給魯國。魯國大夫仲慶父主張攻打齊軍——齊襄公是殺君仇人，魯國大夫一直在找機會報仇，可是魯莊公卻說：「算了，我的德行不夠，等到德行建立，才能讓他人降服，還是等待時機吧。」這話乍看有點不懂，其實就是「現在打不過他，姑且忍耐」的意思。

魯莊公其實並非懦弱，他手中有一張牌，就是公子（姜）糾，當時已經逃到魯國。那個事件隔年，齊襄公遭遇兵變被弒，魯莊公看機會來了，派出軍隊護送公子糾回齊國即位，過程前章已述不贅。而前述曹劌跟莊公的對話，實質意義就是「德行已經足夠，人民願意為國君打仗」，果然魯軍得勝。

齊桓公在長勺之戰失敗，回去潛心修德：任用管仲、隰朋、高傒等賢臣，開發魚鹽之利，民生富裕，齊國人民大悅。這樣修德了四年，齊桓公興兵伐魯。陣勢擺開，魯軍明顯不是對手，魯莊公主動提出請和，齊桓公同意，於是兩位國君在柯地會盟。

春秋時諸侯會盟都要築一個壇，堆土三尺，揖讓而升。會盟進行中，齊桓公盛氣凌人，魯莊公不得已提出割讓遂邑做為和談條件，兩位國君將要盟誓時，魯國大將曹沫突如其來的衝上土壇，亮出匕首挾持齊桓公。左右護衛根本來不及反應，齊桓公力持鎮定問：「你想要怎樣？」曹沫說：「齊國強魯國弱，可是你們也欺人太甚了。請想想，魯國的城牆如果坍塌，可是立即壓在齊國境內喔。」意思是，齊魯毗鄰，兩國若結下不解之怨，隨時可以開戰，輕易結怨應非智舉。

齊桓公答應歸還之前奪自魯國的土地（汶陽之田），曹沫扔下匕首下壇，神色不變，言談如常。

事後齊桓公反悔，不但不想歸還汶陽之田，還要殺曹沫以洩恨。

這時管仲發言了：「殺了曹沫只是圖一時之快，但是卻壞了國君在諸侯中的信用，那會失去天下的向心，不可以。」

這話齊桓公聽進去了，兩國盟誓，將三次戰役得到的魯國土地通通歸還。原來，曹沫擔任魯軍大將，跟齊國三戰三敗，魯國喪失了不少土地，曹沫這回是豁出去的盲動。

二年後，齊桓公在甄地與諸侯會盟，開啟他的霸業。①

孔子說：「齊桓公九合諸侯，不以兵車（不靠武力），都是管仲的功勞。」前述故事是一個例子，管仲還做了哪些事情幫助齊桓公稱霸諸侯？下章分解。

---

①作者註：齊桓公第一次舉行五國會盟是北杏之會，司馬遷認為甄之會才是他霸業的開始。

齊桓公重用管仲為的是稱霸諸侯，管仲也知道自己該扮演什麼角色。前章管仲對齊桓公說「不可以殺曹沫」，不但拂逆當時由恐懼轉為憤怒的齊桓公，語氣更逾越了臣子對國君的禮數，可是管仲說「壞了在諸侯中的信用，會失去天下的向心」，正是稱霸的充分條件——沽名釣譽以爭取國際認同，所以齊桓公立即接受。

春秋時諸侯列國相互征伐不斷，一切實力至上，但並非所有事情都能以武力解決。前文述及的鄭莊公是最好的例子，他的軍隊夠強，可是鄭國的霸業卻不能到達他武力不及之處，因此稱不上諸侯霸主。管仲輔佐齊桓公稱霸，博取國際名聲是重要手段，由於齊桓公爭取到諸侯信服歸心，乃能揪合諸侯、號令天下。然而，實力畢竟是硬道理，管仲的治道使得齊國富強，以經濟力支撐武力，齊桓公的霸業方能大能遠。

管仲的治國理論很簡單：民富則易治，民貧則難治；落實目標「倉廩實而知禮節，衣食足而知榮辱」——人民守禮節重榮辱當然「易治」。所以第一步就是讓人民富起來，方法則是開發魚鹽之利，鼓勵通商，內政則「與俗同好惡」，也就是後世所謂「民之所好好之，民之所惡惡之」，這是三千年來的政治ABC，但在將近三千年前那個人民屬於君主的年代，卻是開思想之新猷。

民富了，易治了，要怎麼化為國力呢？他將人民劃分為「士農工商」，嚴格按照行業和身份聚居，不能雜居也不能變更職業，這樣的劃分確保了社會分工專業能夠傳承，也維持了總體生產力。管仲同時建立了中國史上第一個戶籍制度和保甲制度，以確保兵源，實現軍政一體——人民生活富足，於是安土重遷，願意為保衛鄉土而戰。鄰里之間守望相助，有福同享有難同當，一旦上了戰場能夠同仇敵愾。此所以管仲曾經（很得意的）對齊桓公說：「有此三萬精兵，足以橫行天下，莫誰能敵。」①

管仲展現了他的能力，不負鮑叔牙的推薦之辭，但最重要的還是齊桓公能夠虛心受教並採納嘉言。每年正月在太廟朝會，命令備妥太牢（盛牲的食器稱為「牢」，祭祀或宴會時並用豕牛羊三牲稱「太牢」），桓公自己面向西方站立，管仲、隰朋面東站立，桓公發表頌詞：「我能夠聽到兩位的嘉言，我的眼睛更明、耳朵更聰，不敢獨享，將這些嘉言供獻給祖先。」

所謂嘉言，管仲當然不會說好聽話諂媚，齊桓公更希望管仲能夠指出問題缺失。

【原典精華】

齊桓公問管仲曰：「國何患？」管仲對曰：「患夫社鼠①。」桓公曰：「何謂也？」管仲對曰：「夫社束木而塗之②，鼠因往託③焉，燻之則恐燒其木，灌之則恐敗其塗，此鼠所以不可得殺者，以社故也。夫國亦有社鼠，人主左右是也；內則蔽善惡於君上，外則賣權重於百姓，不誅之則為亂，誅之則為人主所案據④，腹而友之⑤，此亦國之社鼠也。……左右為社鼠，用事者為猛狗⑥，則道術之士⑦

①作者註：士農工商的職業分類一直到二十世紀都還是有效的分法，所以說，管仲影響後世超過二千六百年，雖然他的初始目的是便利統治。

不得用矣，此治國之所患也。」

——《說苑．政理》

①社：祭祀社稷的廟，後來稱太廟。

②束木：將木條綁起來。塗：敷上泥土。綁束木條敷上泥土以增強建築物支撐。

③託：寄生。

④案據：保護。

⑤腹而友之：以之為親信心腹。

⑥用事者為猛狗：官吏凶猛為國君爪牙。

⑦道術之士：有學問和有能力的人。

齊桓公問管仲：「治理國家最擔心什麼？」管仲回答：「是社鼠（太廟裡的老鼠）」，因為不敢放火燻，也不敢用水灌（對付田裡的老鼠常用這兩種方法），怕傷到太廟。而國家的社鼠就是國君的左右近臣，他們瞞上欺下，不法辦他們則為亂，更常因為國君包庇而辦不了。（中略，說明仗勢凌人的「猛狗」）……國君身旁都是『社鼠』，政府裡都是『猛狗』，有學問有能力的人才將不得為國家做事，這是治國最擔憂的事情。」

於是齊桓公導演了一幕：桓公尊管仲為「仲父」，召集大夫進宮說：「贊成我這麼做的，進門後往右，不贊成的往左。」有一位大夫進入宮門後，不往右也不往左站在當中，桓公問他什麼意思，他說：「管仲的智慧可以跟他共圖天下，管仲的能力可以和他共取天下，可是國君你能完全相信他嗎？內政完全託付給他，外交完全聽他決定，驅使人民的事務也都歸他管，授與這麼大的權力，你收得回來嗎？」桓公說：「你說得很好。」轉頭對管仲說：「國政完全託付給你了，國政如果有做不好的，全唯你是問。」於是，齊國大夫明白，一切都得聽管仲的，那些「社鼠／猛狗」也一樣，管仲乃能推動所有改革。②

國富兵強，可以向外開展稱霸之路了。稱霸行的是霸道，但春秋霸主的霸道不是現在我們所謂「橫行霸道」的霸道，而是以武力行王道。至少在春秋五霸時，霸主是以絕對強勢的軍事力量，做存亡繼絕、濟弱扶傾的事情。為什麼武力絕對優勢卻不做兼併的事，還要假仁假義？

---

②作者註：「仲父」原意是父親最年長的弟弟，國君尊臣子為仲父，代表視他為父的最高尊崇。

因為當時天下諸侯還有幾百個，武力再強大也不可能征服全天下，因此除了經濟、軍事之外，還要靠外交。每次發動一場戰爭都要先進行會盟，然後組成聯軍討伐某一個國家。齊桓公的會盟規模比之前的都來得大、大很多，而管仲的任務是爭取最多的諸侯向心。《史記》評論管仲「善因禍而為福，轉敗而為功」，無論軍事外交行動是勝是敗，管仲都能讓齊國得分。他有多大本事，建立了哪些功績？下章分曉。

11. 九合諸侯一匡天下——春秋首霸齊桓公

齊桓公對魯國發動復仇戰爭不成功，因為魯國當時國力還算強，可是他對小國可厲害了。

當年公子小白出逃莒國時經過了譚國，當時譚國待他不甚禮貌，齊桓公即位第二年就出兵滅了譚國，這是他展現武威的第一次。

齊桓公即位第五年，齊、宋、陳、蔡、邾五國國君在齊國舉行「北杏會盟」，這次會盟諸侯聯軍幫助宋國平定內亂，是齊桓公主持諸侯會盟的第一次。那次會盟前，桓公曾邀遂國國君入盟遭到拒絕。會盟任務結束後齊國伐遂，滅了遂國，同年發生了前章所述曹沫事件，管仲的轉禍為福本事（從被劫持轉成講信用），讓齊桓公在諸侯間的個人威望開始累積。

隔年，宋國背盟，齊桓公想要討伐宋國，可是宋國國力不弱，管仲建議桓公去雒邑朝見周天子，陳述宋國罪狀，其中包括一條「未得天子之命廢立國君」，當時周僖王剛即位，想藉此樹立天子權威，於是派大夫單伯率領周天子的軍隊，會同齊、陳、蔡一同伐宋，宋國不敢對抗天子旗號，於是請求朝王，並與諸侯和好。隔年舉行了「甄之會」，單伯邀來鄭、衛與宋，共推齊桓公為盟主，霸主地位自此開始。①

兩年後，齊國又約集魯、宋、陳、衛、鄭、許、滑、滕等國舉行「幽之會」，齊桓公的霸主地位更穩固了。

然而，天下沒有白當的盟主。北方的山戎攻擊燕國，燕國向齊國求救，齊桓公出兵救燕討伐山戎，一直追擊到孤竹（已經接近遼東半島）才班師。班師時，燕莊公親自陪伴齊桓公回國，不知不覺的過了燕齊邊界，進入齊國境內。這時，桓公將管仲召來，問：「諸侯國君相迎送，可以出國境嗎？」管仲說：「不是天子駕到，不可出國境。」齊桓公說：「那是燕君因為送我而違反周禮了，我不能讓燕君因我失禮。」於是將燕莊公所到的齊國土地割給燕國。

這一招厲害，諸侯聽說此事，紛紛到齊國來朝賀，特別是魯國。在出兵討伐山戎之前，齊桓公邀魯國出兵，魯閔公召集大夫會商，魯大夫咸認為：「行軍數千里，深入蠻夷國境，肯定回不來了。」於是魯國口頭答應出兵，卻沒有實際動作。等到齊桓公討伐山戎、孤竹得勝回來，想要挾威攻打魯國，管仲勸諫：「討伐遠方又攻打近鄰，不是霸主之道。這次的戰利品都是中國沒有的，豈可不進貢周公的宗廟？」於是齊國將一部分得自山戎的寶物進獻周公之廟。之後，齊國有軍事行動，魯國都全國動員參與。

管仲的政治號召主軸是「尊王攘夷」：前述請周天子出兵，在周僖王是「建天子之旂」，在諸侯看來是齊桓公尊王，而實質上是齊桓公借用了周王的天子高度，雖然不能說是狐假虎威，但周天子已經是「病貓」，而齊國是老虎扮狐狸——相較於鄭莊公欺負周天子，立即看出管仲的高招；出兵伐山戎是攘夷，當時華夏諸侯確實需要一個強有力的霸主來幫它們對付蠻夷戎狄，再加上讓地給燕國那一招——這個霸主強大卻不霸凌小國，甚至還肯讓利，於是諸侯歸心。

事實上，所謂蠻夷戎狄不是來自中國以外的異族。以前述孤竹國為例，它是一個古

①作者註：商周時諸侯長稱為「伯」，讀音「霸」。單伯在甄之會宣達周僖王命齊桓公為「伯」，自此諸侯盟主稱「伯主」、「霸主」。

國，商代就已經存在，其王族為子姓，與商朝王室同宗，可是周武王滅商之後，沒有給它封號，於是被列為山戎之一，只是它沒有像楚國那樣「我是蠻夷，我自己封王」的激烈舉動而已。也就是說，周朝封的諸侯在西周靠天子保護它們的既得利益，相互認同是「諸夏」，排斥蠻夷戎狄，到了春秋時，王室衰微，需要一個新的保護傘，管仲抓到了這個心理。

救燕行動二年後，山戎攻打邢國，管仲對桓公說：「戎狄豺狼，不可厭也；諸夏親暱，不可棄也。」意思是，戎狄跟豺狼一樣沒有滿足的時候，而諸夏猶如親人不可袖手看著它們被侵略。於是齊國出兵救邢，擊退山戎後更為邢國建立新都。隔年，翟（通「狄」，古籍狄、翟常混用）人攻打衛國，衛懿公遇害，齊國再出兵趕走翟人，幫衛國建立新都並復國。這兩次行動成為春秋霸主的經典示範「濟弱扶傾」。當然，每次都在行動之前舉行諸侯會盟，各國也派出象徵性的軍隊組成聯軍，齊桓公的盟主地位進一步鞏固。

當時中原諸侯基本上唯齊桓公馬首是瞻，後世兵書《尉繚子》記載：「提十萬之旅無敵於天下者，齊桓公也。」

齊桓公在他霸業的頂峰志得意滿的說：「我九合諸侯一匡天下（九次跟諸侯會盟，維護了諸侯列國間的國際秩序），功勞之大無與倫比。」想要去泰山祭天，去梁父祭地，管仲勸諫，桓公聽不進去，管仲最後說：「古時候封禪都會有祥瑞出現、珍奇出土，如今沒見到鳳凰麒麟，也沒聽說土地上長出嘉禾（一莖多穗），毋乃不可乎？」才止住了這個想法。②

但事實上，齊桓公稱霸的那段期間，並非如他所言「諸侯莫敢違」，曾經有一次「踢到鐵板」，那塊鐵板是誰？下章分曉。

衛懿公好鶴亡國

翟人滅衛說起來是衛懿公玩物喪志，以至於身喪國亡。

衛懿公喜歡鶴，他養的鶴甚至跟他同車出巡。春秋時，跟國君同車是一種榮譽，也是地位的象徵，戰爭時更具有副帥的崇高身份。

因此，當敵人攻打衛國，衛國動員抗戰，領到武器和盔甲的戰士之間流傳耳

②作者註：封泰山、禪梁父自古為表彰君王功勞的儀式。

語：「讓鶴去打吧，鶴才享有祿位，我們有什麼？」

衛懿公本人倒是充滿決心赴戰，他出師前分別賜予兩位負責留守的大夫，給石祁子一塊玦（有缺口的環，以示訣別），給甯莊子一支箭（期許死守），然後對夫人說：「有事都聽二位大夫的。」然後領軍出戰。

兩軍在滎澤交戰，衛軍不利，左右勸衛懿公去掉國君的旗幟方便敗逃，衛懿公拒絕，因此戰死。石祁子和甯莊子原本死守都城，後來接受勸告突圍，保全了實力，敗軍殘部推衛懿公的堂弟姬申繼位為衛戴公，但在位僅一年病死，齊桓公立他的弟弟姬開方為衛文公——這正符合管仲提出的大戰略「濟弱扶傾」。

12. 拓土千里，力抗中原霸主——楚成王

前面述及息夫人為楚文王生了兩個兒子，文王去世，大兒子熊堵敖繼位，想要除去弟弟熊惲，熊惲逃到隨國，借隨國的兵反攻楚國，殺了哥哥堵敖，自立為楚成王。

楚成王一即位就展現外交手腕，跟過去曾經交好的諸侯重新來往，派出使者向周天子進貢禮物，周莊王很高興，賜給他胙肉（天子祭祀用肉，這在當時是周天子給諸侯的一種殊榮）並且說：「鎮服南方的夷、越各族，不要侵犯中原國家。」這等於是授權楚成王可以自行征伐，於是楚國拓地千里。

從楚武王自行稱王開始，楚國就不是以稱霸南方為已足，一直想要爭霸中原，而擋在路上的是鄭國。楚文王在位時兩次、楚成王更三度攻打鄭國，鄭文公吃不消，一度想要跟楚國簽訂和約。當時齊桓公的霸業正在巔峰，楚國從武王、文王到成王國勢持續擴張，儼然跟齊國分庭抗禮——齊楚兩強眼看終必有一戰，卻沒想到戰端卻起於一場鬧劇。

齊桓公娶蔡穆侯的妹妹蔡姬，一日，桓公與蔡姬在宮苑的湖上泛舟，蔡姬故意搖晃小船，桓公害怕，出聲制止她，蔡姬不聽，繼續盪舟。下船後，桓公在盛怒下把蔡姬送回蔡國，但並沒有休她。蔡穆侯對此不爽，將蔡姬改嫁。這下好了，蔡姬名義上還是齊桓公的夫人，堂堂諸侯盟主可丟不起這個臉，當然得教訓蔡國一下，否則豈不給人看扁了？

齊桓公組織了八國聯軍攻打蔡國，小小蔡國不堪一擊，潰敗，齊桓公趁勢南下伐楚。《春秋》記載這次軍事行動六個字「齊侯侵蔡伐楚」，這「侵」、「伐」二字有學問：攻打蔡國是為了齊桓公私怨，並沒有什麼正當的理由，更不會有天子之命，所以稱「侵」；而攻打楚國則是頂著「責問楚國不進貢」的大帽子——很可能又是管仲「轉禍為福」功夫的又一次展現，既滿足桓公報復之心，更冠冕堂皇的再次揚威。而諸侯都願意參與聯軍的一個重要原因正是，前一年楚國攻打鄭國，鄭文公幾乎要跟楚國請和——中原諸小國包括陳、宋、衛等都擔心自己成為下一個。

八國聯軍進逼楚國國境，楚成王沒在怕，派了個使節去質問來意。

【原典精華】

楚子使與師①言曰：「君處北海，寡人處南海②，唯是風馬牛不相及③也。不虞君之涉吾地也，何故？」

管仲對曰：「昔召康公④命我先君太公曰：『五侯九伯，女⑤實征之，以夾輔周室』賜我先君履⑥：東至于海，西至于河，南至于穆陵，北至于無棣。爾貢包茅⑦不入，王祭不共⑧，無以縮酒⑨，寡人是征；昭王南征而不復，寡人是問。」

對曰：「貢之不入，寡君之罪也，敢不共給？昭王之不復，君其問諸水濱。」

——《左傳．楚使對齊師》

①與：去。楚使去到聯軍軍營。

②北海、南海：形容兩地相隔甚遠，非指海濱。

③風：牛馬牝牡相誘。楚使以牲畜比喻，有揶揄之意。

④召康公：燕召公姬奭於周成王時與周公旦同為輔政卿士。

⑤女：汝。

⑥賜履：謙詞，指周天子准許齊國征伐的範圍。
⑦包茅：楚國特產的一種茅草，濾酒的好材料。
⑧共：供。
⑨縮酒：濾酒

楚成王的使節去到聯軍軍前，見齊桓公說：「國君處於北方，寡人處於南方，兩國相距遙遠，即使是馬牛牝牡相誘也不相及。沒想到您進入了我們的國土，是為什麼？」

此話語氣甚不禮貌，管仲挺身而出回答：「從前周天子卿士燕召公授權我國先君姜太公說：『五等諸侯和九州諸侯長，你都有權征討他們，要他們一同輔佐周王室。』准許我先君征討範圍：東到海邊，西到黃河，南到穆陵，北到無棣。你們楚國應當進貢的包茅①沒有繳納，周王室沒有釀酒的過濾材料，使得宗廟祭祀供應不上，我特來徵收貢物；還有，當年周昭王南巡（在漢水遇難）沒能安全返回，我特來追查這件事。」

楚國使臣回答說：「貢品沒有接濟上，是我國的過錯，我們怎麼敢不供給呢？周昭王南巡沒有返回，這件事請你到漢水附近去問問便知！」這番答話牽涉一樁公案：周昭王曾經三次南征，跨長江、渡漢水戰績彪炳，淮水、漢水流域的夷人二十六國均來朝見。卻在凱旋回師渡漢水時，因攜帶俘獲的戰利品「孚金」（青銅器）太多太重，導致橋梁垮塌，墜入水中，溺死於漢水之濱。但有另一種說法：周昭王向漢水流域夷人強行徵收船隻，夷人給他一艘用膠黏的船，船至中流，膠溶船解體，周昭王溺死於漢水，是謂「膠舟之禍」。

總之，楚成王的使節態度強硬，八國聯軍乃繼續推進，楚成王派屈完領軍擺出不惜一戰的姿態，聯軍稍稍退後到召陵，屈完進入聯軍陣營談判。

事實上，齊桓公並沒有要跟楚國硬拚一場的意思，於是屈完與聯軍的諸侯國簽下和約，雙方撤軍，史稱召陵之盟，也是齊桓公稱霸以來踢到的唯一一塊鐵板。

召陵之盟後，楚國仍然繼續擴張，但盡量不跟齊國強碰，楚成王遵守盟約的作風得到一些中原國家的信任，奠下後來楚莊王稱霸的基礎。

楚成王跟齊桓公對抗十餘年，只能說他運氣不佳剛好碰到齊桓公，因此不得將勢力深入中原。後來管仲先死，齊桓公也死了，楚成王先後降服鄭文公、生擒企圖稱霸的宋襄公（這兩個事件都在後面詳細敘述），可是接著又受阻於新的中原霸主晉文公，因此終其身未能稱霸中原。還有一個主觀因素是年齡——他進入了昏庸的晚年。

---

①作者註：包茅是當時釀酒最好的過濾材料，初釀成的濁酒過濾為清酒後，才能做為祭祀用

不卑不亢的使者典型——屈完

聯軍擺開大陣仗，齊桓公與屈完同乘一車觀看軍容。

齊桓公說：「諸侯們難道是因為我而來嗎？其實他們都是因為我們從歷代先君以來就建立了友好關係。你們也同我建立友好關係，怎樣？」

屈完回答說：「承蒙您駕臨敝國並為我國家求福，接納我們國君，這正是我國君的心願。」

齊桓公說：「以此大軍作戰，誰能夠抵擋？以此軍隊攻城，有什麼城攻不下？」

屈完說：「國君如果以仁德安撫諸侯，哪個敢不順服？如果要用武力的話，那麼楚國將以方城山當作城牆，把漢水當作護城河，您的兵馬雖然眾多，恐怕也沒奈我何！」

楚成王在位第四十六年，覺得該決定繼承人了，想要立長子（熊）商臣為太子。他徵詢令尹子上的意見，子上說：「君王的春秋正盛，內宮受寵的姬妾很多，一旦立了太子又廢絀，將成為亂源。而商臣的面相蠭目而豺聲（眼睛像蜜蜂般凸出，聲音像豺狼般嗚咽嘶嚎），是個殘忍的人，不宜立為太子。」楚成王沒接受子上的意見，仍然立商臣為太子，可是他後來又想廢掉商臣，立另一個兒子（熊）職為太子。

商臣聽說這個訊息，卻無法證實。就問他的師傅潘崇：「怎樣才能證實這個傳言的真假？」潘崇說：「你邀請大王的寵姬江芈來，可是故意對她無禮。」商臣依計而行，江芈當場翻臉說：「難怪大王要殺你而立職為太子。」

商臣對潘崇說：「消息確認了。」潘崇問：「你能夠居職之下，服侍他嗎？」商臣說：「不能。」潘崇再問：「能逃亡嗎。」商臣：「不能。」潘崇：「能夠幹大事（暗示武裝政變）嗎？」商臣：「能。」

於是商臣伺機以自己的太子宮衛兵包圍成王逼宮，成王表示想要吃熊掌後才死（緩兵之計，等待援兵），商臣不答應，成王自縊而死，商臣自立為楚穆王。成王死後，楚國大夫商議給他什麼諡號，起初擬的是「靈」，這個諡號有貶意，成王的屍體眼睛不肯閉上，後來決定用「成」，楚成王這才瞑目。

楚成王為了諡號而死不瞑目應該是傳說，以他的格局真要死不瞑目，應該是為了他一生戰績彪炳，而且老對手齊桓公比他先死，他卻未能稱霸諸侯。事實上，齊桓公的身後遭遇甚至比死不瞑目更難看。下章分解。

空城計的鼻祖——叔詹

楚成王伐鄭只有一次失利，那是他剛即位，大權還掌握在令尹子元手中的時候。而鄭國不敗則仰賴正卿（文公之弟）叔詹情報靈通、判斷正確，並演出歷史上第一次「空城計」。

前文述及息夫人故事，提到令尹子元貪慕息嬀美色。當時子元大權在握，想要建立戰功以提高自己聲望，甚至奪取王位、佔有息嬀，於是出兵伐鄭。

楚軍勢強，鄭國大夫有人主張請成（求和），有人主張跟齊國結盟應戰，鄭文公不願跟楚國簽城下之盟，可是等待齊國召集諸侯聯軍又緩不濟急，考慮出奔桐丘以避楚軍。這時，叔詹對文公說：「子元出兵只是為了討好息夫人，因此他動員兵車六百乘希望不戰而勝，其實他得失心很重，許勝不許敗。因此他必定會因為過度謹慎而多疑，我們抓住他這個心理，就有用計空間，能夠不戰而勝。」

鄭文公採納叔詹建議，佈下空城計：楚軍先鋒鬪梧進入鄭國都城外郭未遇絲毫抵抗，進到內城不見閘門放下，回報中軍子元狀況，子元說：「鄭國有（能）人。」下令退出城外紮營觀望，旋即得報諸侯聯軍正集結，於是下令趁夜撤退。

為了迷惑鄭國避免追兵，子元留下楚軍營幕。鄭文公見楚軍營幕齊整，心生怯意，又想要出奔桐丘。叔詹上城樓觀看，看見楚營上空有烏鴉盤旋，判定那是空營（無人且有食物引來烏鴉），派出探子，果然楚軍已經撤退。

13. 霸業及身而滅——齊桓公死不成葬

齊桓公的霸業顛峰是葵丘之會。

葵丘之會其實是同一年同一地點進行了兩次。第一次在夏天，齊桓公召集諸侯在葵丘會盟，周襄王特派宰孔（周王室太宰姬孔，襲周公爵位）出席，賜齊桓公文武胙（祭祀周文王和周武王的胙肉，賜胙肉的最高級）、彤弓矢（紅色的弓和箭）、大路（諸侯朝見時的乘車），並且要宰孔以口頭宣達「齊侯不必拜謝」。齊桓公原本想要接受，管仲說不可以，於是齊桓公下拜接受。

周襄王賜給最高級的賞賜，因為他全靠齊桓公才穩住了王位：周惠王崩逝，太子姬鄭繼位為周襄王。襄王的母親早死，惠王又立惠后，惠后的兒子姬帶（後文稱叔帶、王子帶）

得到惠王寵愛，襄王即位前就忌憚他。叔帶勾結戎、翟（狄）陰謀叛變，襄王發現，要誅殺叔帶，叔帶逃到齊國。齊桓公收留了叔帶，派管仲和隰朋分別跟戎、翟調停，然後召集王畿附近的諸侯盟會，安定周襄王的王位。

周天子能給的最高賞賜是面子，齊桓公在那次盟會規定諸侯五條禁令則是「裡子」：

毋雍泉：不可以擱阻山谷獨佔水源。

毋訖糴：（豐年時）不可以阻止糧食流通。

毋易樹子：不可以廢已經立了的太子（世子）。

毋以妾為妻：不可以廢后立妾。

毋使婦人與國事：不可以讓婦人干預國事。

這五條雖然都是著眼於防杜當時諸侯國際的亂源，但事實上干預了諸侯國內政——能干預盟國內政就是霸主的「裡子」。諸侯擁護盟主的唯一理由就是盟主能夠維持國際秩序，而且齊桓公還能「存亡繼絕，濟弱扶傾」，內政甚至國君家事受到干預，也就忍耐接受了。

同年秋天，齊桓公在葵丘二度召集諸侯會盟，要求諸侯盟國，「只要參與同盟的國家，一律言歸於好」，也就是在齊桓公的大傘之下，不許打架生事。

那一次，宰孔沒等到盟會結束就先回去了，半途遇到因病遲來的晉獻公，說：「沒事，不必去了。齊侯不重修德而忙著征伐，齊國很快會陷入動亂。老弟（宰孔和晉獻公同姓姬，語氣有排斥外姓之意）你好好搞定家務事，不必趕去參加盟會。」事實上，由於齊桓公在那次盟會上，對諸侯的態度愈發驕傲，宰孔的不爽代表了諸侯對盟主的普遍心態。

葵丘之會是齊桓公最後一次大會諸侯，六年後，管仲和隰朋相繼逝世，桓公在同一年失去左右手。管仲病重臨終前，桓公到病榻前問：「群臣誰能擔當宰相的職務？」管仲說：「知臣莫如君。」桓公問：「易牙如何？」管仲說：「這個人殺了自己的兒子討好國君，違反人性，不可。」桓公問：「開方如何？」開方是衛國的公子，到齊國事奉桓公十五年，父母過世都不奔喪，管仲說：「這個人背離親人討好國君，違反人性，難以親近。」桓公問：「豎刁如何？」豎刁是個宦官，管仲說：「這個人自宮以親近國君，違反人性，也不適合。」管仲死了以後，齊桓公不採納管仲的話，仍然親信這三人，這三人於是在桓公晚年專權。

齊桓公在位四十三年，前後有三位夫人都沒有生兒子，亦即無嫡子，六位如夫人生了六位公子，桓公和管仲將公子（姜）昭託付給宋襄公立為太子。管仲死後，五位公子各自走門路爭取立為太子，齊桓公態度游移、立場不定，當他病重時，易牙勾結豎刁作亂，軟禁齊桓公，關閉宮門、築起高牆不許出入。有一個婦人翻內牆進入桓公房間，桓公說：「我餓，要吃東西。」婦人說：「我沒有食物。」桓公說：「我要喝水。」婦人說：「我沒有水。」桓公問：「為什麼？」婦人說：「易牙、豎刁作亂，內外不通，所以沒有食物飲水。」桓公慨然喟嘆說：「哎，聖人（指管仲）真是有見地啊！假使死者有知，我將以何面目見仲父呢？」最後，齊桓公以衣袂蒙起自己的臉，餓死在宮中。由於五位公子各自擁兵相互攻伐，沒有人為齊桓公收殮入棺，屍體在床上放了六十七天，屍蟲都流出到門外。直到易牙、豎刁擁立公子（姜）無詭，才收棺殮殯。

公子無詭坐上寶座才三個月，宋襄公帶兵送太子昭回國即位，齊國大夫殺無詭迎太子昭，可是另外四位公子聯合起來攻打太子，太子昭又逃往宋國，宋襄公再領軍擊敗四公子，太子昭即位為齊孝公，這才為齊桓公舉行喪禮並下葬。

一代霸主齊桓公下場悽慘，令人嗟嘆。而宋襄公幫齊桓公安葬，又幫齊國維穩，於是起心動念要成為下一個諸侯盟主。他的霸王夢能否實現，下章分曉。

周王室的孽子——叔帶

主文述及周襄王因齊桓公助他維穩王位，不但給予特別賞賜，還許他毋須下拜接受。故事中的反派主角是叔帶（《史記》稱王子帶），由於齊桓公抱持和為貴心態，並未替周襄王「斬草除根」，叔帶始終是周王室的腹心之患，直到晉文公時才「斷根」。

叔帶第一次作亂是勾結戎人攻進都城，燒毀東門，幸得秦、晉軍隊來救，晉惠公出面講和，暫時維穩。第二次就是主文述及的這一次，叔帶逃到齊國，齊桓公收留他，翌年派大夫仲孫湫朝見周襄王，談到叔帶的事。仲孫湫回到齊國，向齊桓公報告：「襄王還在生氣，恐怕還得十年才會許他回去。」結果過了九年終於讓叔帶回到周王城。

可是叔帶仍不安分，回到王城卻跟隗后（襄王后，狄主之女）私通，襄王罷黜隗后，叔帶勾結兩位大夫頹叔、桃子攻擊襄王，襄王逃出都城，周人又將他迎回都城。頹叔、桃子擁護叔帶，引來狄國軍隊將周軍打得大敗，俘虜多位大臣（包括宰孔），襄王逃到鄭國，叔帶在溫邑自立為王（因為王城人民不接受他，難以立足）。

周襄王向秦、晉求援，晉文公在黃河邊阻擋秦軍後，兵分二路，一路迎接襄王，一路攻打溫邑。襄王進入王城復位，叔帶被俘後處死，史稱王子帶之亂。周襄王開始，周天子基本上只剩被霸主玩弄的份。前述故事中，晉文公阻擋秦穆公的故事，後文將做詳細敘述。

春秋第一美食家——易牙

齊桓公的三位寵臣之一易牙在歷史上的知名度很高，由於他是第一位運用調味的庖廚，而擁有中國廚神的地位。易牙奠定的基礎，使得山東菜成為中國四大菜系之首，但由於山東簡稱魯而非齊，因此今天都稱魯菜。

至於管仲說「易牙殺子以討好國君」的故事是：桓公曾對易牙說：「寡人嘗遍天下美味，唯獨未食人肉，以為憾事。」此言本是無心的戲言，但易牙卻將之牢記在心。

之後，桓公喝到一小鼎鮮嫩無比，從未嘗過的肉羹，問易牙：「這是什麼肉？」易牙流著淚着說是自己兒子的肉，桓公認為易牙愛他勝過親骨肉，從此寵信易牙。

管仲一度將易牙、開方、豎刁逐出宮中，易牙拜託鮑叔牙幫他們說情。鮑叔牙笑著說：「管仲一心為君，才沒有殺你們，換做是我的話，哪有你們容身之處。」

結果，齊桓公沒了這三人在身邊，「食不甘味，寐不安枕」，忍了三年，還是將三人召回宮中，最後害得自己死不成葬。

14. 仁義不能當真——宋襄公肖想稱霸

第三章「君不君臣不臣」文中提到宋國連續發生弒君案，宋桓公即位後靠齊桓公召集諸侯聯軍幫忙平定了宋國內亂，雖曾一度跟齊國反目，因為周天子介入調停而復合，甄之會奠定齊桓公霸主地位後，齊桓公每一次盟會宋桓公都參加，成為忠實盟國。

宋桓公薨逝，宋襄公即位，未等宋桓公安葬，宋襄公就趕赴葵丘參加齊桓公的會盟，在那裡，宋襄公接受齊桓公的囑託「照顧公子昭」。因此，當齊桓公薨逝，齊國陷入五公子之亂，公子昭逃奔宋國，宋襄公邀集衛、曹、邾三個小國聯軍送公子昭回齊國，齊國大夫殺了豎刁、驅逐易牙，迎公子昭即位為齊孝公，然後為齊桓公舉行國君喪禮。

安定了齊國的亂局，宋襄公的心大了，想要補上齊桓公死後的霸主權力真空，開始吞併鄰近小國壯大自己。他先舉行一場會盟，在那個場合綁架滕國國君，之後又舉行一場會盟，唆使邾文公殺了鄫國國君做為祭祀睢水渡口妖神的祭品，誘使東夷諸國來歸。這是一個令人髮指的動作，可是宋襄公並沒有罪惡感，因為宋國是商朝後代，商人好鬼且有以活人祀神的制度，而東夷對睢水渡口出現靈異事件感到恐慌，宋襄公以人祭祀鬼神能夠讓夷人信服。

宋國的司馬（掌軍事）子魚向宋襄公提出諫諍：「人為神之主，用人做為祭品，哪有正神會享用？齊桓公保全三個亡國而得到諸侯擁戴，您卻凌虐兩國之君，還殺他以祭妖神，想要以此爭取霸主，豈不是反其道而行？」

這話宋襄公沒聽進去，那年秋天又帶兵包圍了曹國。曹國之前一直都配合宋襄公，稍有不服之言辭，宋襄公就兵臨城下，這讓中原諸侯很不滿意，陳穆公邀約幾個國家在齊國會盟，以「修桓公之舊好」為號召（齊桓公時要求盟國互不侵犯），中原諸侯因不服宋襄公而形成了兩大集團。

然而，持續擴張的楚國迫使中原諸侯不得不團結。楚成王降服鄭文公、擊敗隨國為首的漢東諸姬聯軍前文已述，齊桓公死後，楚國勢力直逼中原，中原諸國此時只有宋國比較強，宋襄公以為機會來了，於是邀集諸侯在鹿上會盟，包括齊國和楚國。盟會上宋襄公以盟主自居，楚成王當然不爽，但因宋國盛陳軍容在盟會現場耀武揚威，楚成王只得讓宋襄公得逞。司馬子魚提醒宋襄公：「小國爭盟主，是禍不是福。」宋襄公不聽，還約諸侯當年秋天（鹿上之會是春天）在盂地再度會盟，楚成王答應了，並跟宋襄公約定「不帶軍隊前往」。

子魚建議宋襄公帶兵前往盂，襄公說：「我已經答應了楚國，不能食言。」子魚說：「國君的慾望蒙蔽了智慧，禍患恐怕就在這一回了。」結果，楚成王帶了大軍前往盂，宋襄公被楚國俘虜。宋襄公這下清醒了，要子魚趕快回去鎮守宋國，並說：「國家本來就該是你的，我不聽你的話才有今天。」子魚毫不推辭，趕回宋國加強戒備，宋人齊心抵抗楚國。

楚成王派人去跟宋人說：「不投降，就殺了你們國君。」宋國態度強硬的回絕：「感謝列祖列宗保佑，我們已經有國君了。」楚國要脅不成，那年冬天，在魯僖公出面調停下，楚成王釋放了宋襄公，襄公跑到衛國，準備在那裡度過餘生，子魚派人去衛國對襄公說：「臣是為國君鎮守國家，您為什麼不回國呢？」將宋襄公接回宋國。

回國以後的宋襄公仍不反省，隔年發兵討伐鄭國，鄭國早就成為楚國的保護國，因此楚成王發兵攻宋，於是爆發了著名的「泓之戰」。

楚軍直搗宋國，宋軍從鄭國回防，在泓水北岸列陣。楚軍渡河但尚未全數渡過時，司馬子魚建議襄公：「敵眾我寡，應該趁他未盡渡時攻擊。」襄王說：「不行。」楚軍完全渡河，可是還沒完全列陣，子魚又請求下達攻擊令，襄公仍不同意。等到楚軍完成列陣，宋軍展開攻擊，結果大敗，宋襄公大腿中箭。宋國的門官（泛稱高級官員，平時能入宮門，戰時在國君左右）幾乎盡殲，宋國貴族都指責襄公指揮失誤，宋襄公說出他那受爭議近三千年的歷史名言：

【原典精華】

（國人皆咎公）公曰：「君子不重傷①，不禽二毛②。古之為軍也，不以阻隘也。寡人雖亡國之餘，不鼓不成列。」

子魚曰：「君未知戰。勍③敵之人，隘而不列，天贊④我也。阻而鼓之，不亦可乎？猶有懼焉。且今之勍者，皆吾敵也。雖及胡耇⑤，獲則取之，何有於二毛？明恥教戰，求殺敵也。傷未及死，如何勿重？若愛重傷，則如勿傷；愛其二毛，則如服⑥焉。三軍以利用⑦也，金鼓以聲氣⑧也。利而用之，阻隘可也；

聲盛致志，鼓儳⑨可也。」

——《左傳・宋楚泓之戰》

①重：發音「崇」，二度。重傷：傷害已經受傷者。
②禽：同「擒」。二毛：髮色花白。
③勍：音「情」。勍敵：強敵。
④贊：助。
⑤耇：音「苟」，老人斑。胡耇：老人。
⑥服：降。
⑦利用：此處做「有利則取之」。
⑧聲氣：以聲音振士氣。
⑨儳：音「懺」，不齊。鼓儳可也：擊鼓攻擊尚未整隊的敵軍沒什麼不對。

宋襄公說：「君子之師不對受傷的人做二度傷害、不俘虜頭髮花白的人，古人作戰不在險隘處扼阻敵人。我雖然是亡國的後代，還不至於攻打列陣不全的敵人。」

子魚說：「國君您不懂作戰。強敵因地形險隘而未列陣時，正是老天幫助我們，阻扼住對方前進之勢而加以攻擊，是抓住勝利契機，還擔心不能戰勝哩！況且這些強悍的楚兵，都是我們的敵人。即使是臉上已經出現老人斑的敵人，捉到機會就要消滅他，何況只是頭髮花白而已？教育軍隊以打敗仗為國恥，教育他們作戰就是要殺敵。受傷而還沒死的敵人，為何不能再加以攻擊？如果不忍心殺害受傷的敵人，那麼一開始就不該傷他；如果同情年長的敵人，那乾脆向他們投降算了。三軍以打勝仗為目的，鳴金擊鼓以激勵勇氣，為求勝戰而在險隘的地方阻扼敵人是應該的；鼓聲大作士氣高昂，攻擊混亂的敵軍才是該做的。」

翌年，宋襄公因大腿箭傷不治薨逝。他的霸主夢從來沒有實現過，可是「春秋五霸」卻常常將他包括在內，是因為孔子相當肯定宋襄公「講仁義」。後世對宋襄公的評論事實上貶多於褒，且大多以他為「迂腐」的代表性人物，認為仁義只能做為霸業的裝飾品，只是錦上添花。這正是「知其不可而為之」的孔子肯定襄公的原因——在那樣一個充滿詭詐、只講利害的時代，還有這樣一位願意讓出君位、倡言仁義的國君。

齊桓公死，宋襄公敗亡，楚成王爭霸中原未遂，下一個霸主是晉國，可是晉國在稱霸之前有過幾番波折，下面幾章是連續劇。

個人美德卻非國家之福——子魚

宋襄公的故事中不斷出現一個人名——子魚，襄公每次有非份想法或荒謬決策，子魚都發言勸諫，措辭都不太客氣，襄公雖然都沒有採納，但也都不因而發怒。當襄公被楚國俘虜時，要子魚回國當國君，還說「國家本來就是你的」。而子魚當時也毫不客氣，回國後，宋國上下也都團結在他的領導之下，因此而能救回宋襄公。子魚為何能夠如此？

宋國姓子，子魚是宋桓公的長子，名叫子目夷，字子魚，宋襄公名叫子茲甫，因為母親是正宮，所以他是嫡子。宋桓公病危，要立茲甫為太子，茲甫對父親說：「目夷年齡比我大，而且有仁義的名聲，請立目夷為國君吧。」宋桓公將茲甫的話轉述給目夷聽，目夷對老爹說：「能夠把國家讓給我，難道不是最高的仁德嗎？況且廢嫡立庶，也不合制度啊！」說完快步退出，跑到衛國去躲避，於是茲甫立為太子。沒多久宋桓公薨逝，宋襄公即位，將哥哥從衛國接回，任命他為宰相司馬，政務與軍事重任都交給他。

有理由相信，子魚的大部分建議都被宋襄公採納了，史書只記載了襄公的錯誤決策，而子魚老是說「這將引來禍事」之類的唱衰語言，但宋襄公沒有惱羞成怒，因為有前述兄弟相讓的過程。

讀宋襄公的歷史總不免會想，子魚的腦袋比宋襄公清醒多多，如果當初子魚接受太子之位，成為國君，宋國可能會更好。但歷史不能倒帶重來，只能感慨，雖然謙讓是美德，子魚的謙讓卻不是宋國之福。

15. 晉獻公好色種禍——驪姬亂晉

之前說到晉獻公壯大晉國（包括假途滅虢）暫時打住，先講楚成王和宋襄公，中間提及宰孔建議晉獻公「不必去參加葵丘之會」，晉獻公於是掉頭回國。

晉獻公「膽敢」不甩聲勢如日中天的齊桓公，其實有一個心病：第一次葵丘之會齊桓公跟諸侯約定了五條禁令，其中三條晉獻公感覺有針對性：不可換太子、不可以妾為妻、不可讓婦人干預國政。

前面第六章述及晉獻公的太子申生，那是獻公跟父親的妾（齊桓公的妹妹齊姜）亂倫所生，獻公的正妻是賈國公主，沒生兒子，他征伐大小戎國又各娶了一個女子，也各生了一個兒子重耳與夷吾，後來討伐驪戎又娶了驪姬，生一個兒子奚齊，驪姬的陪嫁（娣）也生了個兒子卓子。驪姬想要讓奚齊成為太子，於是設計將申生、重耳、夷吾都離開絳都出去鎮守邊防重鎮，前文說到這裡按下不表，本章繼續說晉國的故事。

之前說到士蒍慨嘆「一國三公」，士蒍是最能揣摩晉獻公心思的親信，他最受爭議的一件事是建議獻公斬草除根，將從前「大宗」留下來的群公子盡皆殺害。晉獻公採納了，而沒殺盡的公子都逃到虢國，這也是晉獻公終究要滅掉虢國的原因之一（「假途滅虢」故事已見第六章）。因為有過這樣一次清理宗室的行動，使得後來的晉國執政團隊以卿族大夫為主，也因之能夠引進、容納更多人才，成為晉國長期強盛的充分條件。①

晉獻公擴軍，自己擔任上軍統帥，太子申生擔任下軍統帥，士蒍就預見申生將遭禍。他說：「太子不會成為國君了，先分都城給他（申生封邑在曲沃，是小宗奪大宗之前的根據地），又任命他為上卿，封邑和官職都到達頂端，不是好現象，不如出國以逃避必將臨頭的禍患。」然而，士蒍此話並未直接向太子提出。

之後，獻公又想要派太子領軍討伐東山（狄人建立的國家），消息傳出，東山國已經聞訊動員備戰，晉獻公想的是，萬一軍事行動不利，就有理由廢太子。支持太子的晉卿里克進諫：「太子是儲君，責任是奉祀宗廟、侍候國君日常，國君出征時，同行稱為撫軍（撫慰軍士），不參加戰鬥，鎮守國都稱為監國，這是古制。領軍出征是國君的職責，不是太子的職責。」獻公說：「我有好幾個兒子，還沒決定誰來繼承。」里克聽到這話，不言而退，即刻去見太子。太子問里克：「我會被廢嗎？」里克說：「太子不必顧慮太多，重點是不要給人家理由（帶兵出征打勝仗就沒事）。」於是太子帥師出征，勝利而還。

可是驪姬並不罷休，她在獻公面前假意支持太子：「諸侯都知道申生已經立為太子，他又帶兵立下戰功，百姓都擁護他，國君如果為了賤妾的緣故而廢太子，我只好自殺了。」可是，私底下她收買獻公左右說太子壞話，最後更使出了毒計。

驪姬有一天對申生說：「我昨晚夢見你娘，你趕快去曲沃祭祀她。」申生很孝順，當即趕去曲沃祭祀母親，並且將祭肉（胙）獻給父親，獻公當時出外打獵，胙肉放在宮中，驪姬暗中叫人將毒藥置於胙肉中。六天後，獻公打獵回來，膳房端上胙肉，獻公正要吃，驪姬制止他，說：「酒食來自遠地，最好驗一下。」獻公以酒祭地（灑在地上），灑到之處地表隆起來，拿肉給狗吃，狗被毒斃，再給一旁的小臣吃，小臣也死。驪姬哭泣著說：「太子怎麼會如此忍心啊！父親已經很老了，就那麼等不及嗎？」又假情假意的說：「太子這麼做，不過是因為我們母子的緣故。我們母子願意避往他國，否則將來（獻公死後）一

①作者註：本文提到的里克、士蔿、荀息、丕鄭都不是公族大夫。

定會被太子所殘害。」

中生知道此事，立即逃往曲沃，獻公當然大怒，殺了太子的師傅杜原款，派兵討伐曲沃。有人勸太子說：「毒藥是驪姬下的，太子為什麼不向父親辯解呢？」申生說：「國君老了，沒有驪姬的話，睡不安寢、食不甘味，我如果辯解成功，國君殺了驪姬，我也不快樂。」那人再勸：「何不逃奔外國？（申生的舅舅是齊桓公）」申生說：「我如果不辯解，背負企圖毒殺君父的惡名，哪個國家會歡迎我？」於是自殺。

申生自殺後，重耳和夷吾到絳都入朝（原本駐守外地，趕去都城是希望被立為太子），驪姬跟獻公說：「申生下毒，那兩個也知情。」二位公子聽說驪姬「打針下藥」，各自逃回封邑（重耳在蒲，夷吾在屈），固守城池。

獻公聽說兩個兒子不告而逃，愈發堅信他倆跟申生同謀，分別派兵討伐。同時密令蒲城的寺人（宦官）披刺殺重耳，重耳翻牆逃走，披持刀追斬，只砍斷了重耳的袪（衣袖），重耳逃往母親娘家翟國。討伐屈的軍隊由於屈城守備完善而失敗，次年再派大軍討伐，屈城守不住，夷吾逃奔梁國。驪姬的眼中釘都拔掉了，奚齊順利被立為太子。

晉獻公抱病前往葵丘半途而返，回國後病情加重，病榻上召來大夫荀息，任命他為相國，將奚齊託付給他。獻公逝世後奚齊繼位，里克在國喪期間弒殺奚齊，當時獻公尚未安葬。荀息再立卓子為國君，並為獻公行喪禮，里克後來又在朝堂上弒殺卓子，荀息無力與里克對抗，只好自殺殉死。

驪姬的下場並未載在史書，《列女傳》說里克「鞭殺」驪姬，未得史家採信。但說到這裡為止，晉國的內亂才開始而已。後面的劇情更曲折精彩，下兩章分解。

國之干城卻連弒二君——里克

驪姬之亂前後，一直有一個名字里克出現。他的角色變化很大，晉獻公在世時他是晉國的卿，更是披堅執銳的大將，可是晉獻公去世之後，他卻接連弒殺兩位國君。

晉獻公繼承並光大晉武公的功業，攻打鄰近的戎、狄之國，併吞了霍、魏、耿、虞、虢諸國，幾乎「統一」了太行山以西（現在的山西省），奠定晉國百年霸業的基礎。在這個過程中，里克幾乎無役不與，當晉獻公無法親自出征時，里克是當然的統帥。

獻公死後，荀息依照遺囑立奚齊為君，大夫丕鄭聯合三公子（申生、重耳、夷吾）黨羽，收買力士陰謀弒君。丕鄭是里克的老部下，請出里克領導政變，對諸大夫有號召力。

連弒二君後，里克派人去翟國請重耳回國即位，重耳不敢回國，因為里克對晉獻公忠心耿耿，一向支持太子申生，跟其他公子保持距離，如今連弒二君，情況不明，於是婉言推辭。

里克再派人去梁國請夷吾回國即位，夷吾想要回去，可是親信呂省、郤芮說：「國內還有其他公子可以立為國君，卻向外面尋求，難以信任。建議去秦國尋求支持，有強國的軍力護送回國，比較安全。」

但是，重耳和夷吾可能都過慮了，里克應該是想要迎立獻公的兒子為君，因為其他公子都是武公的兒子。

後來夷吾果然由秦穆公派軍隊護送回國即位，即位後以弒君罪名逼死了里克。

16. 耳根子軟毀了一切——晉惠公背信忘義

接續前章，夷吾聽了親信的話，派郤芮去秦國求助，答應姊夫秦穆公：「如果能夠順利即位，將河西地（晉國在黃河以西的土地）割給秦國。」秦穆公問郤芮：「公子靠誰支持即君位？」郤芮說：「逃亡在外的人不結黨，結黨則必然有對立仇敵。夷吾從小不跟人戲狎，即使有輸贏的遊戲也會節制，長大後也不改作風，其他我就不知道了。」

【原典精華】

秦伯謂郤芮曰：「公子誰恃？」對曰：「臣聞：亡人①無黨，有黨必有讎。

夷吾弱②不好弄③，能鬥不過④，長亦不改，不識其他。」

——《左傳・秦伯納夷吾》

①亡人：逃亡在外的人。
②弱：未成年時。
③弄：戲狎。
④不過：有節制。

郤芮的口才超級，夷吾的缺點在他口中都成了優點，於是秦穆公派軍隊護送夷吾回國。秦穆公的幫助來得及時，否則事情的發展難說：齊桓公聽說晉國內亂，率領諸侯聯軍前往晉國「維穩」，進入晉國國境還沒到絳都，聽說秦軍護送夷吾已經先到了，自己打道回國，派隰朋前往絳都，跟秦軍一同立夷吾為晉君，是為晉惠公——齊桓公當時是諸侯盟主，如果他和諸侯聯軍先到絳都，情況會變得複雜。

惠公在歸國之前曾致函里克和丕鄭，答應即位後將汾陽之田一百里給里克、負蔡之田七十里給丕鄭當封邑，可是即位後不想兌現諾言，包括答應給秦國的土地也想賴帳。於是使出一計：派丕鄭出使秦國，對秦穆公說：「當初答應割讓河西之地給您，可是大臣們說：『土地是先君的，公子人在國外憑什麼答應割讓國土！』寡人爭不過，只好跟您說對不起。」這叫做借刀殺人，希望秦穆公一怒之下殺了丕鄭。丕鄭出發後，惠公對里克說：「沒有你的話，寡人沒有機會當上國君，然而，你已經殺了兩位國君、一位相國，當你的國君實在太難為了。」里克說：「國君要殺我，何愁找不到理由？你的話我聽懂了。」拔劍自刎而死。

丕鄭到了秦國，聽說里克自殺，當下明白自己處境危急，於是對秦穆公說：「晉國現在當權的是呂省、郤稱、郤芮三位大夫，若能以厚重禮物籠絡他們，跟他們密謀驅逐晉惠公，迎回公子重耳，就可以得到河西之地。」秦穆公接受這個建議，派使者陪丕鄭回去覆命（秦穆公同意晉國不割河西地），並致贈厚重禮物給三位大夫。郤芮對晉惠公說：「使者帶來厚重禮物，而且措辭美好，其中有詐，一定是丕鄭出賣了晉國。」晉惠公於是殺了丕鄭以及他和里克的黨羽，一併殺了晉國的七大夫（國君出征時副車七乘，也就是最重要的七位將領）。丕鄭的兒子丕豹逃奔秦國，遊說秦穆公討伐晉國，秦穆公沒採納。

晉惠公即位第四年，晉國歉收，向秦國借糧。丕豹進言秦穆公趁此機會攻打晉國。秦穆公問上卿百里奚：「晉君有背信紀錄，要不要答應他？」百里奚說：「每個國家都不免發生歉收，救災恤鄰符合天道，借給他吧。」於是秦國輸送糧食給晉國，運糧船隻從雍都到絳都絡繹不絕。①

隔年，秦國歉收，向晉國借糧，晉惠公召集朝臣會商。大夫慶鄭說：「之前全靠秦國才能安定國家，後來背約不割地，我們歉收時秦國借糧，如今秦國歉收來借糧，還考慮什麼（當然應該借糧給秦國）？」惠公的舅舅虢射說：「去年老天將晉國送給秦國，秦國不知道把握機會（趁饑荒攻打晉國），反而輸送糧食過來。如今老天將秦國送給晉國，我們怎能違逆天意？」

慶鄭說：「背叛姊夫的施予是不親，幸災樂禍是不仁，貪惜己物是不祥，激怒鄰國是不義，親仁祥義四德俱失，將何以保守國家？」虢射說：「皮之不存，毛將安附？」虢射以河西地為「皮」，輸糧為「毛」，意思是，秦穆公橫豎不滿意我們，不如趁他缺糧攻打他。慶鄭說：「背叛人家的恩施，又慶幸人家的災禍，是最令人痛恨的。即使是親人都會變成仇人，何況怨憤的敵國。」但晉惠公不聽。

【原典精華】

秦饑，使乞糴①于晉，晉人弗與。慶鄭曰：「背施無親，幸災不仁，貪愛不祥，怒鄰不義，四德皆失，何以守國。」虢射曰：「皮之不存，毛將安傅②。」……慶鄭曰：「背施幸災，民所棄也，近③猶讎之，況怨敵乎。」弗聽。

——《左傳・慶鄭虢射議閉秦糴》

①糴：音「狄」，買進糧食。

②傅：同「附」。

③近：親近。

①作者註：古時候農業技術原始，土地肥力不足，一般土地三年輪種，國家也有三年歉收一次的說法。

惠公採納舅舅的意見，決定發兵攻打秦國。秦穆公得報大怒，說：「你要國，給你國；你要糧，給你糧；現在你要打仗，我能不奉陪嗎？」下令發兵攻晉。

兩軍交鋒，秦軍連勝三戰，進逼晉國絳都。晉惠公對慶鄭說：「敵軍已經深入，有何對策？」意思是「還有沒有緩和空間」；慶鄭回答：「是國君招致敵軍來寇，還能怎樣？」意思是「如果是臣子引來敵軍，還可以罷黜甚至殺臣子以求和，但是國君惹禍，就沒有和談空間了」。

惠公將要出征，先卜卦誰適合跟他同車出征，卜慶鄭的卦象吉，惠公惱火慶鄭出言不遜，不要他，由另外兩位大夫同乘出征。拉戰車的馬匹是鄭國呈獻的名馬「小駟」，慶鄭說：「用異國馬匹上陣，萬一臨陣懼怕，恐怕會出狀況，還是用本國的馬比較熟悉。」晉惠公不聽。

雙方大軍展開會戰，晉軍不利，鄭國的小駟周旋不靈活，惠公的戰車陷入泥濘，緊急情況下呼號慶鄭，慶鄭說：「你既不聽言，又違反占卜，敗戰是咎由自取。」不顧而去，於是秦軍俘虜晉惠公。

秦軍凱旋西歸，晉國眾大夫將頭髮披散、餐風露宿跟隨晉惠公去秦國，秦穆公派人傳話要他們回去（意思是不會傷害晉惠公），晉國大夫向秦國使節三拜稽首說：「國君足履后土頭頂皇天，皇天后土跟我們一同聽到您的承諾。」這才返國。

秦穆公的夫人、晉惠公的姊姊穆姬聽到傳言說秦國要拿晉惠公祭天，教人堆起柴堆，自己穿上喪服，雙手牽著兩個兒子嬴罃、嬴弘和兩個女兒簡、璧走上柴堆，意思很明顯：殺死我弟弟，我就燒死你兒子和女兒。

秦穆公說：「凱旋榮歸是大好事，不可以變成喪事，加上晉國大夫以天地神明要脅我，不如放他回去吧！」在此之前，晉惠公派人回國交代：「我縱使回國也沒臉見社稷宗廟裡的祖先，你們卜一個日子立太子（姬）圉為國君吧。」秦穆公放晉惠公回晉國，條件是要太子圉來秦國當人質，秦國並在晉國河東之地置官徵稅——起初若不食言，只給河西之地而已。

晉惠公回國第一個動作是殺慶鄭，第二個動作是派人去翟國刺殺二哥公子重耳，重耳得到消息，離開翟國前往齊國。

晉惠公因為耳根子軟，聽不進諫諍之言，卻一再採納錯誤的意見、做出錯誤的決策，害自己被俘、陷國家於屈辱（割地），回國後沒幾年鬱鬱而終。當他病重的消息傳到秦國，太子圉逃回晉國，惠公死後子圉即位為晉懷公。

晉懷公下令，晉國大夫不准追隨流亡在外的公子重耳，大夫狐突的兒子狐毛、狐偃都追隨重耳，晉懷公將狐突關起來，威脅他說：「兒子回來就赦免你。」狐突說：「父親教兒子忠於所事，不能有二心。我的兒子服事重耳已經很多年，如果召他們回來，等於教他們二心。父親教兒子二心，自己要怎麼服事國君？」懷公於是殺了狐突，晉國大夫卜偃為此稱病不出，說：「君明則民服，國君不明卻殺人以逞己欲，人民不見德政，只聽說殺戮，將無後於晉國。」

卜偃是一個傳奇角色，歷經晉國四任國君（獻公、惠公、懷公、文公），都有預言而中的記載。他所謂「無後於晉國」意思是晉懷公的子孫將不會繼承君位。

他的預言成真，晉國最偉大的國君晉文公即將登場。然而，他從流亡到稱霸的過程卻非常坎坷、曲折且傳奇。下章分曉。

晉文公就是前兩章中的公子重耳，若不是晉惠公派人去翟國刺殺他，他或許躲在翟國苟全性命就滿足了（記得嗎？里克請他回去即位，他不敢），若不是晉懷公下令追隨重耳的人限期回國，重耳的追隨者有可能耐不住流亡之苦而漸漸減少（他們都是晉國貴族）。總之，命運推著重耳在外流亡十九年，而且追隨的班子始終團結緊密，直到他回晉國即位。

當初晉獻公派兵攻打蒲、屈二城，夷吾率屈城軍民抵抗，守住第一次攻擊。蒲城軍民也想登城防守，可是重耳不肯，說：「為臣者食君之祿，因而得到官屬、土地、人民，卻以之對抗國君，罪莫大焉。」選擇出奔翟國。追隨者包括狐偃、趙衰、顛頡、魏犨、胥臣等人，這幾位都是後來輔佐晉文公稱霸的功臣。

聽說晉惠公派刺客要來翟國刺殺自己，重耳對趙衰說：「我當初投奔翟國，並沒有想借助翟人之力回國即位，只是考慮親近方便（重耳的母親是翟國美女狐姬，晉獻公討伐翟國，翟國將狐姬呈獻給晉獻公，狐姬的父親狐突和兄弟狐偃、狐毛一同入晉）。如今情況危急，我還是投奔大國比較安全，齊桓公擔任霸主能夠仗義維和，聽說管仲、隰朋都去世了，齊國正是渴望賢才的時候，我們投奔齊桓公吧！」重耳在翟國娶了妻，生了二子，他要離開翟國，對妻子說：「等我二十五年，若不回來，妳就改嫁吧。」妻子笑著說：「二十五年後，我墳上的柏樹都很高大了！你去吧，我等你。」

重耳經過衛國，衛文公不以（同為姬姓諸侯國的公子）應有的禮節接待，重耳於是離衛都而去，走到五鹿地方，向鄉人乞食，鄉人將食物盛在土器中給他，重耳火大，要拿鞭子抽打鄉人，狐偃說：「土象徵得地，這是天賜。」於是重耳對天稽首拜受，將食物載上車。

到了齊國，齊桓公非常禮遇他，致送厚禮並將宗室女齊姜嫁給他，還提供他二十乘（四四馬拉的大車為乘）馬車，讓他出入有派頭，如此禮遇使得重耳想要安居齊國。可是齊桓公死後，齊國內亂，追隨者認為不能長久待在齊國，君臣聚集在桑樹下討論，剛巧齊姜的女僕在樹上採桑聽見，告訴齊姜。齊姜將那女僕殺死（怕她洩漏事情會危及重耳），對重耳說：「你有出行之意，被她聽見，所以我殺了她。」重耳還裝蒜說：「沒有啊！」齊姜說：「你去吧，耽於安樂只會壞了大志。」重耳猶豫不決，齊姜跟狐偃密謀，將重耳灌醉後載上車，等到重耳酒醒，全團已經出了齊國國境，重耳大怒，抄起戈追逐狐偃。

離開齊國到了曹國，曹共公之前聽說「公子重耳有『駢脅』（肋骨密排相連，宛如一骨）異相」，趁他洗澡時偷窺。曹國大夫僖負羈的妻子對丈夫說：「我看這位晉國公子的隨從人員個個都相貌不俗，一旦他回國即位，必定成為諸侯霸主，一旦成為霸主，必將報復之前的無禮之國，曹國恐怕首當其衝。」於是她以盤子進食物給重耳，將一塊璧玉置於食物下面，重耳接受食物，奉還璧玉。

重耳到宋國時，宋襄公因泓之戰負傷正在療養，聽說公子重耳賢明，但無法親自接待，只能致贈二十乘，派司馬公孫固對狐偃說：「宋國是小國又遭逢新的困境，沒有能力提供幫助，請公子尋求大國的助力。」

到鄭國，鄭文公認為重耳逆父叛國，鄭國不能接納，文公的弟弟叔詹（第十二章設下空城計唬退楚軍那位）認為，重耳賢能且追隨他的都是傑出人才，鄭國若不能以禮相待，就應該殺了他以免後患，但鄭文公並沒有接受如此極端的建議。

到楚國，楚成王正處於意氣風發的時候，他擺宴席招待重耳，席上非常高姿態的問：

「公子如果回國即位，要如何報答我？」

【原典精華】

及楚，楚子饗之，曰：「公子若反晉國，則何以報不穀①？」對曰：「子女②玉帛則君有之，羽毛齒革③則君地生焉。其波及④晉國者，君之餘⑤也，其何以報君？」曰：「雖然，何以報我？」對曰：「若以君之靈，得反晉國，晉、楚治兵，遇於中原，其辟君三舍⑥。若不獲命⑦，其左執鞭弭⑧、右屬櫜鞬⑨，以與君周旋。」

——《左傳．重耳徧歷諸國》

①不穀：君王自謙詞，周天子常用，楚王偶見用。
②子女：男子和婦女，意指割讓土地上的人民。

③羽毛齒革：指珍禽異獸。
④波及：水滿出來。
⑤君之餘：國君用不完的剩餘。
⑥辟：同「避」。捨：同「舍」，三十里為一舍。
⑦獲命：得到命令，意指楚王下令停戰。
⑧弭：弓角彎曲處。
⑨櫜：馬上裝箭的盛器。韔：盛弓的皮囊。

楚成王當時肯定沒把重耳放在眼裡，問這話應該是在試探重耳的格局。

重耳回答：「美女珍寶國君都有了，珍禽異獸楚國自己有出產，您若有多餘則可以分享晉國，晉國能有什麼可以報答您呢？」

如此答覆出乎楚成王意料之外，當然不滿意，追問：「雖然如此，你總有可以報答我的吧？」

重耳說：「如果託國君的庇佑，得以回國即位。萬一有一天晉、楚不得不在中原兵戎相見，我會退避三舍（軍隊行軍一舍三十里）。如果還是非戰不可，只好左手持鞭、右手操弓箭跟國君周旋了。」

楚國令尹子玉建議楚成王殺了重耳以免後患（理由跟鄭國叔詹相同），楚成王不採納。秦穆公當時對子圉逃回國很生氣，聽說重耳在楚國，就派人請他來秦國，楚成王致贈厚禮並派兵護送重耳到秦國。

秦穆公對新來的小舅子採取之前不同的策略，將五位宗室女嫁給重耳（確保未來的晉君是秦國外孫），其中包括之前嫁給子圉的懷嬴。重耳原本不想接受懷嬴，師傅胥臣勸他接受以結秦穆公這門親事（姊夫又成為岳父，親上加親），獲得回國即位的助力。懷嬴端臉盆盛水給重耳，以濕手揮向重耳說：「憑什麼要我侍候你！」重耳怕了，自動降低服飾（低姿態）。隔天秦穆公宴請重耳，重耳帶趙衰隨行，席上重耳吟賦〈河水〉以示尊崇秦國，趙衰吟賦〈黍苗〉以示歸心似箭，秦穆公聽了說：「我明白你們想要回國的心情。」吟賦〈六月〉是一首犒賞征人的詩。①

不久，晉惠公去世，晉懷公即位，晉國大夫欒氏、郤氏都私下聯絡重耳，表達願意成為他回國即位的內應。秦穆公於是發兵護送重耳歸國，晉懷公則動員軍隊抗拒，但晉軍基本上不抵抗（因晉惠公大失人心），於是重耳進入絳都，朝拜晉武公宗廟（不拜晉獻公），即位為晉文公。晉懷公逃奔梁國，被殺。

晉惠公的親信呂省、郤芮陰謀燒公宮殺文公，寺人披（當初獻公派去殺重耳那位）請見文公，文公命人責備他說：「當年被斬斷的袪還在（以示不忘舊恨），你走吧。」寺人披說：「臣子奉君命不能有二心，只能盡力而為。難道您認為即位後不會有人陰謀政變嗎？齊桓公任命管仲為宰相，那只帶鉤也始終保留著。國君如果沒有齊桓公的器識，我走就是了。」晉文公聞言召見他，他向文公報告呂、郤的陰謀，解除一場危機。

寺人披的故事顯示晉文公有跟齊桓公一樣的格局氣量，事實上他的霸業才要起步。下章分解。

寒食節的由來——忠臣孝子介子推

主文述及晉文公流亡歸國即位，能夠不計前仇，隨行功臣都受到封賞不在話下——功勞大的有食邑，功勞小的也有爵位，只有一位隨他流亡十九年卻沒有得

①作者註：〈河水〉詩文佚失，後二首詩載在《詩經》。

到封賞，那人名叫介子推。

介子推的母親對他說：「你為什麼不去主動爭取呢？你若死了，誰會幫你講話？」介子推說：「言語是行為的文飾，我已經決定入山隱居了，何必文飾我的行為？」介母說：「你如果真的要這樣，我跟你一同入山隱居。」母子在山中隱居，到死都沒出山。

介子推的部屬為他抱不平，在晉文公的宮門上懸掛詩文：

龍欲上天，五蛇為輔。

龍已升雲，四蛇各入其宇；

一蛇獨怨，終不見處所。

晉文公出宮，見到詩句，說：「這一定是指介子推。」派人去召見介子推，卻找不到人，只聽說他隱居在緜上之山。於是將緜上之山四周圈起來，做為介子推的封地，稱之為「介山」，說：「用這個來記錄我的過失，並且表揚好人善行。」

以上是史書的記載，但是民間傳說比較戲劇化：

晉文公派人去緜上之山尋找介子推，怎麼也找不著。有人獻計，放火燒山，將介子推「燻」出來。結果，大火將整座山燒得乾乾淨淨，大火熄滅之後，才發現介子推揹著母親，燒死在山中。

晉國人為了紀念介子推，每年在那一天都不生火，只吃冷的食物，成為寒食節的由來。②

②作者註：後世寒食節定在清明節後一天。

18. 退避三舍一戰而霸——晉文公的霸業

晉文公二年，因叔帶之亂出奔鄭國的周襄王（事見第十三章），派使者去魯國、晉國、秦國報信。當然，那是求援的意思。

秦穆公早就想要做尊王攘夷的事情，機會來了當然不能放過，他親自率領軍隊開往洛陽勤王，大軍到了黃河邊，只見對岸旌旗招展、人喧馬嘶，晉文公親自帶領軍隊在岸邊恭候並喊話：「勤王的事情讓重耳來就好了，姊夫無須勞神。」晉文公措辭謙遜，秦穆公沒有理由強硬渡河攻擊，於是摸摸鼻子回去。

原來，周襄王傳話到達晉國時，晉文公認為自己的德望和晉國的實力都不足以尊王攘夷，狐偃對他說：「想要成為霸主，勤王是最捷徑，若能削平亂事安定王室，既是大義也能夠立即得到諸侯的信服，機會就在眼前。」晉文公要求卜，卦象戰勝；再要求筮，卦象收穫豐碩，於是動員出兵。先辭退秦軍，後擊敗叔帶迎回襄王。周襄王以醴（美酒）饗宴晉文公，賜給四邑土地。

晉文公因尊王而在諸侯中崛起，宋成公（襄公之子）於是親晉國而遠楚國，楚成王派子玉率陳、蔡、鄭等國聯軍包圍宋都，宋國向晉國求援。晉文公召集大夫會商，先軫說：「報答恩施（宋襄公贈送二十乘給重耳）並制服楚國，奠定霸業的機會來了。」

當時的情勢是：宋、陳、蔡、鄭都是中原諸侯國，原本都附從楚國，宋國背楚親晉，楚國不能不討伐它，否則楚成王前功盡棄，因此綁架陳、蔡、鄭，聯軍攻宋，展現霸主威風；晉國經歷二十年亂局後剛崛起，兵力不及楚國，但若不救宋，將使諸侯失望，只能眼巴巴看著楚成王稱霸。

晉文公決定救宋，可是還有一個問題，晉國和宋國中間隔著曹、衛兩國，而且這兩國才剛剛跟楚國勾搭上。狐偃獻策：「我們如果攻打曹、衛，楚軍必須轉移目標救曹、衛，宋國的壓力就解消了。」於是晉文公動員國人建立三軍，先攻打曹、衛。

先軫擔任先鋒總司令勢如破竹，曹共公成為俘虜等於滅國，晉文公和齊昭公在衛國境內會師（當時魯國跟楚國結盟，晉文公乃跟齊國結盟，同盟還有秦國），衛成公表達想要參與盟會，晉文公拒絕。衛成公轉而想跟楚國結盟，但大夫群不想跟楚國結盟，將衛成公逐出都城以取悅晉軍。晉軍入城時，晉文公下令「不准侵犯僖負羈的族人住宅區」，可是魏犨和顛頡兩位將領卻燒了僖負羈的宅邸，晉文公大怒，結果殺了顛頡以宣示軍紀。

楚軍統帥子玉並未上鉤，仍然加緊圍攻宋都，宋國使者到晉軍駐地向晉文公告急，晉文公問諸將：「我想去救宋，可是齊國和秦國態度不明，怎麼辦？」先軫獻策：「要宋國向齊秦致送厚重禮物（賄賂），請齊秦二國派使節要楚國退兵。而我們晉國則將討伐曹、衛得到的土地分給宋國，以彌補宋國的損失。楚國如果不答應，齊、秦二國能不戰嗎？」晉文公很欣賞這個策略，依計行事。

楚成王本人率大軍進駐申縣（在方城山楚長城內，楚國自齊桓公入侵後在方城山築城以防齊國），得到齊、秦使節來告，派人命子玉退兵。可是子玉執著要戰（當初他就主張殺重耳以絕後患，此時不願放棄解決晉國的機會），還派伯棼去向楚成王請求增兵，說：「我不是非要建功不可，是要藉這一戰以塞讒慝之口。」他針對的是楚國司馬蔿賈，因為蔿賈曾經評論「子玉超過三百乘就指揮不動」。楚成王當時年紀老了，氣力已衰，雖然很不高興，卻又不願打擊子玉信心，只給了他少數兵力，希望他自己知難而退。①

子玉性格剛強但不是無腦之輩，他洞悉晉國的謀略，派使節去晉軍大營說：「如果晉國恢復衛國疆土，並讓曹國復國，我就解除宋國的圍城。」狐偃認為子玉無禮，主張開戰，可是先軫看穿子玉的謀略說：「安定人心稱為禮。楚國一句話安定了三個國家（宋、曹、衛），我們卻一句話滅亡了它們，我們變成無禮了。然而，不答應楚國則不能解除宋國圍城。不如私下答應曹、衛復國，條件是他們必須跟楚國絕交。同時扣留來使以激怒子玉，開戰後再視情況發展定計。」晉文公採納他的建議，一面暗許曹、衛復國，要求他們與楚絕交，一面扣留楚使。

曹、衛二國向楚國表達絕交之意，這下子玉的臉沒地方放了，軍隊推進逼近晉軍。狐偃進言：「打仗得理直才能氣壯，當年若無楚國的幫助（楚成王派兵相送），我們不會有今天，退避三舍正所以報答楚國，如果楚軍不撤，就是他理屈了。」

看見晉軍兌現承諾退避三舍，楚軍內部有聲音認為不應該再戰，可是子玉認為晉軍怕了，更執意一戰。晉、宋、齊、秦聯軍退到城濮布陣，楚軍推進據險紮營，楚軍眾而晉軍寡，晉文公有些遲疑，狐偃說：「這一戰若得勝，就成為諸侯盟主，即使不勝，晉國地形表裡山河，守住國土沒問題。」欒枝說：「漢陽諸姬已經都被楚國併吞了，不能只顧念小

①作者註：子玉、伯棼都是芈姓鬭氏，楚王熊氏以外王族最強的一支，伯棼後來害死蔿賈。

惠（楚成王施惠）而忘了大恥（晉國是姬姓諸侯）。」先軫又得報「楚國盟國（鄭、陳、蔡）軍心動搖，楚軍也不服子玉」，於是定謀開戰。

【原典精華】

子玉使鬬勃①請戰，曰：「請與君之士戲，君馮軾②而觀之，得臣③與④寓目⑤焉。」

晉侯使欒枝對曰：「寡君聞命矣，楚君之惠，未之敢忘，是以在此，為大夫退，其敢當君乎。既不獲命⑥矣，敢煩大夫，謂二三子⑦。戒爾車乘，敬爾君事，詰朝⑧將見。」

——《左傳．晉侯侵曹伐衛》

①鬬勃：伯棼名。

②馮：同「憑」，靠。軾：車前橫木。

③得臣：子玉名得臣。
④與：一同。
⑤寓目：觀賞。
⑥獲命：獲得停戰之命。
⑦二三子：敬語，用法同「足下」、「左右」。
⑧朝：破音字讀「招」，早晨。詰朝：明天早晨。

城濮之戰是一場君子之戰的示範：子玉先派伯棼去晉軍「請戰」，對晉文公說：「希望跟國君的戰士遊戲一場，請國君扶著車前橫木觀戰，得臣也一同觀賞。」晉文公派欒枝回覆說：「我們國君已經接到閣下的開戰命令。貴國君王的恩惠不曾忘懷，所以退兵到此地，我們實在不敢面對貴國國君，但大夫既然不肯撤軍，只好請你（伯棼）回去轉告貴軍將領，準備好戰車，向貴國君宣示效忠，明天上午開戰。」

晉軍以戰車七百乘為主力（聯軍共一千乘），上中下三軍分對上楚軍的左中右軍，子玉在開戰前揚言：「今天過後就沒有晉國了。」（輕敵心態昭然。）戰鬥開始，晉下軍佐（副帥）胥臣以虎皮蒙上馬背，率先突擊陳、蔡為主的楚右軍，陳、蔡是楚的附庸國，軍隊以保全自己為重，禁不起壓力，楚軍右翼迅速潰散。上軍由狐偃父子統帥，狐毛打起兩面帥旗後退，下軍將（主帥）欒枝用戰車拖曳樹枝揚塵偽裝遁走，楚軍左翼統帥子西以為晉軍敗退下令追擊，卻使得自己陷入（晉中上軍）包夾，左翼也潰敗。子玉收拾敗兵撤退回楚，接近方城時，楚成王的使節來軍問子玉：「大夫進入方城，要怎麼向申縣和息縣的父老交待呢？」子玉無言以對，於是自刎。

城濮之戰楚軍大敗，中原諸侯壓力大減，晉文公一戰而霸，在踐土與諸侯會盟，包括原來依附楚國的鄭、衛、陳、蔡等國，更為周襄王築起一座行宮，襄王在諸侯盟會上賜命晉文公為侯伯（諸侯霸主）。

晉文公這個霸主比齊桓公更高姿態：齊桓公在葵丘之會「下拜受胙」尚且遭宰孔批評，晉文公在踐土之盟則是周襄王以天子之尊遷就諸侯——周天子的尊嚴更加沉淪。

晉文公回報了齊國、宋國、楚國，報復了曹國、衛國，但還有一個秦穆公的恩、以及鄭文公的怨未報，他以一個行動解決兩事。下章分解。

被慍怒沖昏腦袋的猛將——子玉

子玉的父親鬪伯比是楚武王最倚重的將領，也是楚國第一位令尹，在他之前楚國最高官員是莫敖，自他開始令尹集軍政大權於一身。子玉的哥哥子文先當令尹，子玉東征西討累積很多戰功，子文年紀大了，於是推薦子玉擔任令尹。

子玉治軍嚴厲，但太注重細節而流於苛刻。有一年為了伐宋，楚成王先派令尹子文閱兵，只用了一個早晨，沒有懲罰一個士卒；再派子玉閱兵，用了一整天，用鞭子責打了七個士卒，用長箭刺穿了三個士卒耳朵。

當子文推薦子玉為令尹，蔿賈問子文：「你這樣對得起國家嗎？」子文說：「我是從安定國家的角度考量。他對國家有大功勞，如果不給他高位，誰能制得了他？」

蔿賈批評子玉「剛而無禮，不可以治民」，又說他無能指揮大軍「超過三百乘就指揮不動」。①

子玉對此耿耿於懷，因此一旦遇上晉國大軍，就一直想要進行決戰，而且認為自己必勝，在開戰前說出「今天過後就沒有晉國了」如此狂妄的話。他的表現正應了《孫子兵法》的告誡「將不可慍而致戰」，最後果然驕兵必敗。楚成王原本已經覺得子玉難制，於是派使節激他，他經不起刺激，就自殺了。

①作者註：春秋時兵車一乘配備步卒三十人。

19. 秦晉之好不好了——晉秦伐鄭連續劇

踐土之盟秦國沒有與會，晉文公心底明白，姊夫秦穆公出兵幫他打贏楚國是一回事，看著小舅子得到周天子賜號侯伯，肯定不是滋味。於是他邀秦穆公聯軍討伐鄭國，表面兩個理由：之一是鄭國之前依附楚國，之二是鄭文公當年對重耳無禮，實質上則是給秦穆公一償進兵中原的夙願。

晉秦聯軍當然不是鄭國能夠抵擋，聯軍迅速包圍了鄭國都城。晉文公隨軍帶了一位鄭國公子姬蘭（後文均稱子蘭），他是鄭文公的兒子，流亡在晉國，希望晉文公能夠幫他回國即君位。子蘭告訴晉文公，當年叔詹曾經建議鄭文公「殺公子重耳以免後患」，於是晉文公要求鄭國交出叔詹，鄭文公不敢跟叔詹說，叔詹聽說後就自殺了。鄭國交出叔詹的屍體，晉文公說：「一定要見到鄭文公，當面折辱他然後撤軍。」

鄭國大夫佚之狐對鄭文公說：「環顧眾大夫，只有請燭之武出馬，才可能說服秦國國君退兵。」燭之武是鄭國公室但未受重用，當時職務是圉正（養馬官，相當於《西遊記》中弼馬溫），以年齡太大為由推辭，鄭文公說：「我沒能早重用你，如今情況緊急才來拜託你，是我的錯。然而，如果鄭國亡了，你也會受到禍殃啊！」於是燭之武接受任務。

半夜，燭之武以繩索縋下城牆，進入秦軍營地見秦穆公說：「鄭國自知不免於亡國。然而，如果鄭國滅亡能有益於秦國，我也不敢來浪費您的時間。鄭國跟秦國不接壤，中間隔著晉國，何必滅亡鄭國而讓晉國更強大呢？晉國更強豈不讓秦國相對更弱嗎？這次放過鄭國，留著當秦國的東道主，秦國人員往來東方有個接應之所，對秦國又有什麼不好？況且，國君曾經數度施恩晉國，晉國卻屢次背信，當年晉惠公答應給你焦、瑕之地，卻一渡過黃河就反悔了，這都是您點滴在心頭的事情。晉國一旦擴充了東方版圖，如果他轉向圖謀西方，秦國正當其衝。事情利害請國君裁度決定。」

【原典精華】

（燭之武夜縋而出）見秦伯，曰：「秦、晉圍鄭，鄭既知亡矣。若亡鄭而有益於君，敢以煩執事①。越國②以鄙遠，君知其難也，焉用亡鄭以陪③鄰？鄰之厚，君之薄也。若舍④鄭以為東道主⑤，行李之往來，共其乏困，君亦無所害。且君嘗為晉君賜矣，許君焦、瑕，朝濟而夕設版焉⑥，君之所知也。夫晉，何厭⑦之有？既東封⑧鄭，又欲肆其西封，若不闕秦⑨，將焉取之？闕秦以利晉，惟君圖之。」

——《左傳．燭之武退秦師》

①執事：敬語，不直稱穆公而稱其管事者。
②越國：秦國到鄭國必須跨越晉國。
③陪：增加。
④舍：同「捨」，放過。
⑤東道主：秦國向東道上的接待主人。

⑥晉惠公答應割讓包括焦、瑕在內的十五座城邑給秦國，後來反悔。
⑦厭：同「饜」，飽足。
⑧封：國境。
⑨闕：缺。闕秦：取秦之土地。

秦穆公完全接受這番說法，私下跟鄭國結盟，派三位秦軍將領杞子、逢孫、楊孫助守鄭都，自己領軍回國。

晉國大夫狐偃主張攻擊秦軍，晉文公說：「不可。若非他（秦穆公）的幫助，我們不會有今天，靠他的幫助卻攻擊他是不仁；得不到他的同心是不智；兩國聯軍而來卻互相攻擊是不武。有此三項過失，我們不如回去吧！」晉文公要求鄭文公立子蘭為太子後退兵，鄭國度過一次危機。

兩年後，鄭文公去世，公子蘭即位為鄭穆公，派三秦將掌管都城北門防務。杞子派人回秦國說：「如果秘密派遣軍隊來突襲，我可以做內應開城門。」秦穆公徵詢蹇叔意見，蹇叔認為，軍行千里不可能沒人知道，不贊成偷襲鄭國。秦穆公進略中原的慾望掩蓋了他的決策智慧，他不接受蹇叔的意見，召來百里孟明視、西乞術、白乙丙（《左傳》多稱孟明、西乞、白乙，本文隨之）三員將領，領軍執行偷襲任務。

軍隊進入鄭國境內，在滑邑附近被鄭國商人弦高遇到，弦高以四馬大車載了十二張熟牛皮革，派人偽稱是滑邑官員去對秦軍將領說：「我們國君聽說大軍來到敝邑，先送上這點小意思犒賞您的隨從，我們已經為大軍做好準備，停留則供應每日所需米薪菜蔬，離去則負責一夕護衛。」同時差人緊急通知鄭國。

鄭穆公派人去三秦將居住的客館觀察，發現秦國的軍事顧問團已經束矢載弓、厲兵秣馬。於是派大夫皇武子去對三將說：「你們三位待在我國很久了，我國盡力招待仍感不周，聽說你們準備離開，請不必客氣，鄭國的原囿（國君獵場）飼養鳥獸很多，任憑取用如何？」三將見事跡敗露，倉皇出奔，杞子奔齊國、逢孫、楊孫奔宋國。秦軍主帥孟明見鄭國已經有備，攻取滑邑後回師（回去有交代），但劇情並未落幕。

秦軍偷襲鄭國必須穿過晉國領土，當時晉文公才過世尚未下葬，晉襄公甫即位。中軍統帥先軫說：「這是老天賜予晉國的機會，天意不可違，敵人不可縱，我們應該邀擊秦軍。」下軍統帥欒枝說：「秦穆公的恩情還沒報答，攻擊秦軍怎麼跟先君交代？」先軫說：「秦國不哀悼我國喪，反而偷襲我同姓（晉文公討伐鄭國時何嘗顧念鄭國同姓姬？），是秦國無禮，還考慮什麼往日恩情？所謂一日縱敵，數世之患，我們是為子孫後代除患，應該可以向先君交代。」

襄公甫即位，不假思索決定出師，自己墨絰（穿著黑色喪服）臨陣，並發動友好的姜戎軍隊，在殽地伏擊晉軍，俘虜三員秦軍將領孟明、西乞、白乙。晉文公的夫人文嬴對襄公說：「這三人是引起兩國交戰的禍首，應該放他們回去交給秦君處決，何必你來處理？」

文嬴就是第十七章講到的懷嬴，晉文公即位後即刻去秦國迎回懷嬴，立為夫人（秦國姓嬴，公主先嫁晉懷公稱懷嬴，後嫁晉文公改稱文嬴）。晉襄公的母親是文公的妾，文嬴是嫡母，嫡母開口了，襄公於是放了三員秦將。

先軫早朝時聽說此事，大怒說：「我們這些武夫使盡力氣才在野戰中俘虜他們，卻為了婦人一句話就放他們回國，打擊我軍士氣而增長寇讎氣焰，國家要亡了。」頭也不回往外走，嘴上還不停唾罵。晉襄公急忙命令大夫陽處父帶兵追三秦將，一直追到黃河邊，三將已經上了船。陽處父解開他坐車左驂的韁繩說：「國君命我來賜贈馬匹。」孟明當然不會中計，在船上稽首說：「感謝晉君不殺之恩，讓我回到秦國就戮。即使被處死，此恩仍然不朽，如果託國君的福僥倖不死，三年後一定回來拜謝恩賜。」

回到秦國，秦穆公穿著素服出城相迎，向著秦軍哭著自責說：「是我不聽蹇叔的話，害大家受辱了。」秦國大夫認為孟明喪師辱國應處死，秦穆公不追究，仍然重用孟明。

兩年後，孟明率領秦軍伐晉，此時先軫已經去世，晉襄公命先軫的兒子先且居領軍對抗，晉軍在彭衙大敗秦軍，晉人輕蔑的稱秦軍為「拜賜之師」（針對先前孟明說的「拜謝恩賜」）。

秦穆公仍然重用孟明，一年後再次伐晉。秦軍渡過黃河後將船隻全數燒毀，展現必死決心，攻下兩處晉國城邑，晉軍避其鋒銳守關不出，秦軍收拾殽之戰的陣亡將士屍骨埋葬後班師。

至此，晉獻公以來的「秦晉之好」已經完全破壞。雖說晉軍避秦軍復仇之師的銳氣堅守不出，但論實力當時晉軍仍然強過秦軍，秦穆公東進無望，只能向西發展，下章分解。

春秋第一元帥先軫

先軫是重耳出奔翟國時的「五賢士」之一，忠心耿耿追隨流亡十九年。

城濮之戰前，先軫是下軍佐，擔任先鋒勢如破竹推進到衛國，中軍將郤縠去世由先軫接任；開前戰提出「由宋國厚賂齊秦，以曹衛之地補償宋國」的策略，成為後世兵家「廟算」的最佳範例；子玉不中計反將一軍，「讓曹衛復國則解宋圍」，又是先軫獻策破了子玉的算計，並激怒子玉出戰；開戰後率中軍攔腰打擊楚軍左軍，迫使子玉只好撤退。城濮之戰後，先軫以中軍將名副其實成為晉軍的「帥」，是史書有記載第一個稱帥的晉軍將領。

殽之戰前，先軫主張出兵幾近強詞奪理，得勝後晉襄公釋放三秦將，先軫「不顧而唾」事實上大大違背君臣禮節。襄公非但沒計較，事後還向先軫致歉，先軫為之自責不已，雖然沒有像第七章的鬻拳那樣「自刖」，卻在同年晉國伐狄的戰役，當晉軍確定勝利時，先軫免冑（脫下頭盔，卸下戰甲）衝進狄軍陣中戰死。戰後狄人送還先軫首級，面色仍栩栩如生（成語出此典）。

20. 英明仁德之君卻留惡名——秦穆公稱霸西戎

晉國從內亂到稱霸，秦穆公事實上幫了大忙，卻斷了自己稱霸中原的路，而晉獻公的深謀遠慮則是造成這一切的起始。

晉獻公擴地壯大的過程中，跟秦國打過一仗，卻踢到了鐵板，當時秦國是秦宣公在位。秦國起家是接收犬戎之禍後的鎬京，之後一再遷都，直到秦德公遷都雍城開始強盛，鄰國梁、芮來朝，秦國成為河西（黃河西岸）小霸。秦宣公是德公的長子，在位僅二年去世，無子，由二弟成公即位，成公在位四年去世也無子，由三弟即位就是秦穆公。晉獻公在河西吃過敗仗後，對秦國採取和親政策，將女兒嫁給秦穆公，後來秦穆公將女兒嫁給晉惠公、晉文公，這一段兩國幾番聯姻正是成語「秦晉之好」的典故。

晉獻公送女兒歸嫁秦國的隊伍中，有一個奴僕百里奚，他原本是虞國大夫，晉滅虞（故事見第六章）而淪為奴僕，他不甘受辱半途逃跑回家鄉楚國。秦穆公聽說百里奚有賢名，為他贖身接回秦國，命官員為他沐浴更衣後，與他坐而對談，一連談了三天。有一天，穆公跟上卿公孫枝討論政事，公孫枝詫異問說：「國君今天耳聰目明、思慮周密，莫非最近得到了高明人才嗎？」秦穆公說：「是的，我非常欣賞百里奚的見解，他已經接近聖人了！」公孫枝回家取一隻大雁，送給秦穆公並祝賀：「國君得到社稷之聖臣，容我為社稷祝賀。」穆公不推辭，向公孫枝拜謝。隔天，公孫枝向秦穆公表示願意將上卿讓給百里奚，秦穆公起初不同意，公孫枝說：「國君得到賢能宰相是國君的福氣，我禮讓賢人是我的福氣；我不賢而居高位是國君擇人的失誤，不賢更讓國君失誤是我的過錯；任用賢人而斥退不賢之人，是國君英明的表現。我如果留在高位，既壞了國君的美德，又違背自己的行為準則，我只好逃出國了。」於是秦穆公任命百里奚為上卿，公孫枝為次卿，輔佐百里奚。百里奚又推薦蹇叔，秦穆公任命蹇叔為上大夫。

之前的秦晉糾葛故事中，晉惠公向秦國借糧，百里奚和公孫枝都贊成，秦穆公要派兵偷襲鄭國，蹇叔反對。百里奚、公孫枝、蹇叔構成秦穆公善政的鐵三角，當然那是秦穆公知人善任的英明表現。

秦穆公同時是一位仁德之君：有一次他出外回家發現走失了一匹駿馬，回頭去找，已經被岐山下的鄉人宰了，三百多人正分食馬肉，官吏要治鄉人殺馬之罪，穆公不同意，還說：「我聽說吃良馬肉而不喝酒對身體有害。」賜酒給鄉人。後來在秦穆公與晉惠公作戰時，秦穆公的戰車一度陷入泥淖情況危急，有一群人奮勇拚死救出秦穆公。事後才知道，就是曾經分食駿馬的岐山鄉人。

西方的戎王聽說秦穆公的名聲，派上大夫由余出使秦國（由余是晉國後人，會說晉語）。秦穆公與之對談後，發覺由余非常優秀，退朝後召來內史廖問：「鄰國有賢臣是我國的憂患，如今由余賢能是寡人之患，怎麼辦？」內史廖說：「戎王處於偏僻之地，沒聽過中國的音樂，國君可以送他女樂，讓他怠忽政事。同時請求讓由余多待在晉國一段時間，並且不斷找理由延後他回去，時間久了，戎王必定起疑心，他們君臣之間產生矛盾，就有機會挖角了。」秦穆公依計行事，果然戎王過了一年還不歸還女樂，由余回去後數度諫諍都不聽。秦穆公再派人去遊說由余，由余乃離開戎國投奔秦國。

三年後，秦國採用由余的謀畫討伐戎王，併吞十二個原屬戎人的小國，拓展國土千里，於是稱霸西戎。周天子派召公（姬）過為使節，賜秦穆公金鼓與稱號「侯伯」，穆公終於有了霸主名義。

兩年後秦穆公逝世，殉葬者一百七十七人，其中包括三位良臣。以活人殉葬雖然是秦國的風俗，但秦國人民惋惜哀悼「三良」，為之吟唱〈黃鳥〉（《詩經》中的一首）。秦穆公因為此事而受到後世非常嚴苛的批評，一位英明、仁德、雄才大略的君主，最終在歷史上留下惡名。

晉文公、秦穆公先後去世後，秦晉之好迅速變成秦晉決裂，乃至諸侯國際形勢隨之大變。下章分解。

百里奚與蹇叔

《史記》的記載（《左傳》無此說），秦穆公派去偷襲鄭國的三將，孟明是百里奚的兒子，西乞、白乙是蹇叔的兒子。易言之，百里奚和蹇叔兩代都受到秦穆公重用，而他倆的私交更足以跟管鮑之交相媲美。

百里奚是楚國人，楚國王室枝繁葉茂，外人幾乎沒有空間，百里奚離開家鄉謀出路，到宋國時淪落在銍邑乞食，遇到了蹇叔。蹇叔是一位隱士（應該是貴族但不做官、住農舍），他見百里奚相貌不俗，與之談論時事大異其才，將他接到家中為賓客。

百里奚想去齊國，蹇叔勸阻他，因而避免捲進齊國內亂；百里奚想去雒邑，蹇叔勸阻他，因而避免捲進叔帶之亂；百里奚想去虞國，蹇叔又勸阻他，可是百里奚還是去了，結果虞滅於晉，又因蹇叔提醒而設法從陪嫁隊伍逃脫（否則在秦國是奴僕身份）。

秦穆公為百里奚贖身，怕楚國知道百里奚有才能，刻意低調，只出五張羊皮的價格，百里奚因此又稱「五羖大夫」。（羖：音「股」，黑色羊皮。）

秦穆公要百里奚推薦、尋訪治國人才，百里奚第一個就推薦蹇叔，他倆成為秦穆公稱霸的重要股肱之臣。

21. 昏君權相外患內憂——晉國霸業埋下禍因

晉文公和秦穆公相繼去世固然是一大變數，雪上加霜的是兩位英明領袖時期的執政班子幾乎同時凋謝：秦國的百里奚、蹇叔去世，晉國的趙衰、欒枝、胥臣，甚至先軫的兒子先且居也在同一年去世——接班問題使得兩個興盛諸侯國的內政外交都出現問題。

晉襄公雖然奮晉文公之餘烈繼續稱霸，但連年征戰的軍事動員傷到農業生產力，所以即位後將國防軍編制縮小回到三軍，由於先且居去世，他必須任命一位中軍將。①

襄公屬意的人選是狐偃的兒子狐射姑，可是僅存的元老陽處父（隨重耳流亡）極力推薦趙衰的兒子趙盾，於是任命趙盾為中軍將（實質的三軍統帥），以狐射姑為中軍佐。這裡有個小插曲：晉襄公居然將他改變決定的原因告訴了狐射姑，狐射姑因此懷恨在心，在晉襄公去世後，派人刺陽處父於市（光天化日下在大街刺殺國之元老）。

趙盾原本已經接下父親趙衰的執政大夫職務，這下集軍政大權於一身，不久成為正卿。事實上他當得起正卿的職位與權力，除弊、興利、正法度、拔賢才，晉國氣象一新，但變數發生，晉襄公在此時去世。

襄公臨終交代趙盾：「我死之後，扶立太子夷臯為君。」當時夷臯年紀還小，諸大夫認為晉國需要一位年長一點的國君，一番討論之後，趙盾裁決：派先蔑和士會兩位大夫前往秦國迎立公子雍。這兩個人得先介紹一下：先蔑是先軫的弟弟，由於軍隊縮編而沒了兵權，趙盾給他這個差使，讓他有機會以迎立之功得到新職；士會是士蔿的孫子，晉文公以來一直在權力核心。

公子雍是晉文公的兒子，晉襄公的庶弟，晉文公將他送到秦國去做官。此處插一個說明：晉文公有感於晉國在此之前的宗室傾軋、骨肉相殘，規定一旦國君立了太子，其他兒子必須離開晉國。因此，公子雍去秦國不是人質，秦穆公也對他很器重，當時在秦國的官職是亞卿（次於正卿，在諸大夫之上）。甫即位的秦康公大力支持公子雍，派出盛大軍隊護衛。

①作者註：晉文公全盛時期達到六軍，後來精簡為五軍，襄公再縮編為三軍。

可是晉國內部卻發生了變化，夷皐的母親穆嬴每天抱著兒子在朝堂上從早號哭到晚，質問所有大夫：「逝世的先君哪裡對不起你們？他的子嗣又有什麼罪過？你們捨嫡嗣而外求國君，將置嫡子於何地？」離開朝堂則抱著孩子到趙盾的家，向趙盾叩首說：「先君將此子託付給你時說：『此子若成材，是我受你之賜；若不成材，我會怨你沒教好。』言猶在耳，你卻拋棄此子，是怎樣？」趙盾和諸大夫受不了穆嬴，更擔心輿論以大義相逼，背著先蔑立夷皐為君（先蔑此時已經回到晉國），是為晉靈公。

情況變得複雜，必須立即處置：公子雍和秦國軍隊已經渡過黃河。趙盾迅速決斷，連夜動員親自率軍抗拒秦軍，在令狐（瀕臨黃河）擊敗秦軍。先蔑在令狐之戰前才發表下軍將尚未就職，卻在次日投奔秦國，士會跟他一同亡命，上軍佐荀林父後來將先蔑的妻兒財產都送去秦國。至於公子雍，史書上自此沒有記載。

為了維持盟主的氣勢，晉國次年邀集八個諸侯國舉行扈之盟，趙盾全權代表晉靈公與盟國國君簽約，開了春秋時期臣子主持盟會的先例。

之後四、五年間，秦晉兩國相互試探攻伐，終於兩國主力集結展開決定性戰役（河曲之戰）。晉軍上軍佐臾駢（音「于胼」）向趙盾獻策：「秦軍不能打持久戰（河曲在晉國境內，秦軍補給線太長），我們應該深溝高壘不出戰。」趙盾採納。

秦康公問士會：「有何策略讓晉軍出戰？」士會說：「堅守不出一定是趙盾的副手臾駢的計謀，目的是讓我們師老兵疲。趙盾有個堂弟趙穿是晉襄公的女婿，年輕但得寵，不諳軍事卻好勇而狂，他對臾駢擔任上軍佐很不服氣。如果派出小部隊去挑戰，趙穿一定忍不住開壘出戰。」秦康公採納這個戰術，趙穿果然出擊，秦軍快速退回，趙穿沒追上，回到晉軍陣壘，惱羞成怒的說：「大軍裹著糧食坐在戰甲上備戰，敵人來了卻不交戰，要等到什麼時候？」帶領自己所領部隊出擊。趙盾說：「秦軍如果俘虜晉國一位大夫宣稱勝利而歸國，晉國怎堪？」下令全面出擊，雙方略為接觸後各自退兵。

當天夜裡，秦國派出使者去晉軍傳話：「兩方都沒有太大損傷，明日再戰以決勝負。」臾駢對趙盾說：「來使的目光閃爍而言詞放肆，色厲內荏，秦軍準備趁夜遁歸了。我軍如果急行軍在黃河邊展開突擊，必定大獲戰果。」可是這個良策卻受到杯葛，趙穿和胥甲（胥臣的兒子，跟趙穿都厭惡臾駢）擋住軍門說：「死傷者尚未收恤卻要棄之而去，不是對士卒施惠之道；跟人家約期開戰卻在險要處突擊，不是勇敢的表現。」晉軍因此停止行動，而秦軍果然夜遁。

河曲之戰說是秦軍夜遁，但晉國並沒有太大戰果，並且認為士會在秦國對晉國造成的傷害太大，於是想出一個計謀把士會弄回晉國。首先，製造一場假叛亂：大夫壽餘謀叛事發，趁夜逃到秦國，妻子兒女都因此被拘禁，壽餘表示可以鼓動他的封地魏邑歸併入秦國。秦康公接受他獻地投誠，而壽餘在秦國的朝堂上找機會踩了士會的腳一下，兩人心照不宣。

秦康公率大軍在黃河西岸，魏邑人馬在東岸，壽餘對秦康公說：「請派一位秦國可以跟東方官員對話的人過河談判。」秦康公指派士會，士會推辭說：「晉人如虎狼不可信。如果我過去而晉人背信，我死定了，我的妻子兒女在秦國也將不免，對國君沒有好處，那時後悔也來不及了。」秦康公指河為誓說：「如果晉人背約，而我不歸還你的妻子兒女，有如此河（逝而不返）！」於是士會跟壽餘一同渡河，河東的魏人鼓譟而回。秦康公不食言，將士會的妻子兒女送去晉國。其實他心裡有底，因為秦國大夫繞朝已經向他提出，士會可能趁機返晉不回，而他讓士會返晉的效果是：終他在位期間，秦晉維持和平。

晉國吃定了秦國，可是晉國的危機不在秦國而在自己的國君——晉靈公長大了，但他奢侈逞慾，徵收人民重稅用在雕飾宮牆，還喜歡在高台上拿彈弓彈人，看人躲避彈丸為樂。廚子煮熊掌不夠熟透，就把廚子殺了，將屍體塞在畚箕裡，要僕婦載車上運出去，經過朝堂，趙盾和士會看見屍體的手露在外面。趙盾想要入諫，士會說：「你是正卿，如果你進諫不聽，就無人可以再諫。還是讓我先去，不聽則你再去。」士會進宮，三拜三進到了屋簷下，靈公才假裝剛剛看見說：「我知道錯了，會改過。」士會稽首並說出名句：「人誰無過，過而能改，善莫大焉。」

然而，靈公口上說說，各種行為依舊，趙盾幾次進諫，靈公不耐煩了，派一位力士鉏麑去刺殺趙盾。鉏麑選了一個拂曉去趙盾的住宅預備行刺，看見寢屋的門已經打開，趙盾已經穿好朝服，端坐在子上假寐（時間尚早）。鉏麑退出說：「睡回籠覺仍不忘恭敬，這樣的人主政，真是老百姓的福氣。我不能殺他，又不能違背國君之命，不如死了吧！」於是撞槐樹而死。

刺客殺不成，靈公不死心，邀趙盾到宮中飲酒，埋伏甲士刺殺趙盾，被靈公的車右提彌明發覺，闖進宮中將趙盾扶出，靈公養了一隻獒犬，呼喚牠咬趙盾，提彌明搏殺獒犬，護著趙盾且鬥且出，等趙盾出了宮門（脫險了），提彌明再回頭戰鬥，結果被殺。

趙盾逃出都城，趙穿帶自家之兵攻擊靈公，在宮中桃園弒殺靈公，當時趙盾還沒逃出國境，聞訊回到都城，命趙穿到周王畿迎回晉文公的小兒子（姬）黑臀回國即位，是為晉成公。

趙盾是春秋時期賢相之一，曾獲得孔子的讚揚，晉國在他治理之下，文治武功外交都維持了超級強國的盛世。然而，晉國的權力集中於他一人，國君由他擁立、諸侯會盟由他主持，他是賢相同時也是權相。問題在晉靈公是個昏君，昏君配個正直能幹的權相，就發生了本章故事的悲劇，而趙盾立君、廢君更給後世有了榜樣——晉國最後形成巨室凌駕國君，終至分裂，禍因其實在趙盾時已經埋下。

秦晉之好演變成秦晉決裂，晉國壓制了秦國，而晉國經過這一番折騰，國力打了折扣，因此給了南方的楚國崛起的空間。楚成王死後，穆王（第十二章逼死商臣）繼續擴張，他死後兒子即位，成就了楚國的霸業。下章分解。

桑下餓人

趙盾能夠從晉靈公的埋伏下脫險，全賴一位勇士提彌明，趙盾在確定脫險後問為什麼不顧自己生死救他。提彌明說：「我就是桑樹下那個快要餓死的人。」

趙盾有一次到首山打獵，在桑樹蔭下休息，看見樹下有一個人，餓了三天快死了。趙盾給他食物，那人吃了一半，說另一半要拿回家給母親吃。趙盾要他將食物吃完，並且把自己攜帶的食物全部裝進囊橐，讓那人帶回去給母親。

那人就是提彌明，後來加入晉靈公的衛隊，因勇力晉升為國君的車右。趙盾從宮中脫身前，問提彌明住在哪裡，不回答，回頭再跟伏兵戰鬥而死。②

董狐筆與太史簡

趙盾回到都城，大權仍然在握，晉國的太史董狐在簡策寫下「趙盾弒其君」，並且出示給朝臣看。趙盾喊冤：「弒君的是趙穿，不是我啊！」董狐說：「你身為正卿，出奔未離開國境，回到都城卻不討伐弒君賊子，不等於你本人弒君嗎？」

趙盾並未報復或為難董狐，可是大約一百年後的齊國，權臣崔杼弒齊莊公，齊國太史伯在簡策寫下「崔杼弒其君」，崔杼要他改，太史伯不肯，崔杼就殺了太史伯；然後召來太史的二弟要他改，二弟仍然寫下「崔杼弒其君」，崔杼又殺了二弟；然後召來太史伯的小弟弟要他改，小弟面不改色仍然寫下「崔杼弒其君」，崔杼問他：「你難道不怕死嗎？難道不想為你家留下一脈香火嗎？」小弟說：「據實直書是太史氏的職責，失職求生不如去死。」崔杼嘆口氣，沒有殺他。齊國的南史氏聽說太史一家都被殺，拿著簡策前往臨菑。③

② 作者註：《左傳》和《史記》對提彌明和桑下餓人記載略有不同。

③ 作者註：古代太史是世襲官職，太史伯是太史氏老大；南史氏是齊國南方諸侯某國的史官。

宋朝末年文天祥的〈正氣歌〉中兩句：「在齊太史簡，在晉董狐筆」就是講這兩個古代史官不畏強權的直書事蹟。（崔杼弒君故事後面詳述。）

第十二章說到楚成王太子商臣弒父自立，這位「蠭目而豺聲」的楚穆王性格殘忍，但開疆拓土毫不遜於父祖。他趁著晉秦頻繁交戰的時候，併吞了江淮間幾個小國，更讓陳國臣服，鄭國、宋國屈服，亦即楚國的勢力進入了中原。他在位十二年，奠定了兒子後來稱霸的基礎。

他的兒子就是赫赫有名的楚莊王，楚莊王初即位時沉迷聲色犬馬不務正業，但他如此表現卻是裝出來的。

穆王去世時，莊王還不滿二十歲，大政由令尹成嘉和太師潘崇（勸商臣弒父那位）掌握。成嘉和潘崇領兵討伐舒蓼，留守郢都的子燮勾結鬬克謀反，潘崇回師包圍郢都，子燮和鬬克挾持莊王突圍，走到盧縣，被盧公（盧縣縣長）戢梁誘殺，莊王回到郢都。

接下來的三年，莊王日夜為樂不問政事，下令「有敢諫者殺無赦」。楚國的附庸蔡國遭晉國攻擊，向楚國求救，莊王不理會，蔡國只得簽城下之盟，郢都依然歌舞昇平；楚國發生饑荒，巴國、庸國、麇國、戎人、蠻人紛紛造反，告急訊息紛紛湧至，莊王仍然不出號令，交給成嘉和鬬氏處理。

終於，有一位大夫伍舉實在忍不住了，直入莊王內宮，莊王正左手抱著鄭國美女，右手抱著越國美女，坐在樂隊的中間。伍舉說：「我不是來進諫的，是來給大王猜一個謎語。」

莊王叫他說來聽聽，伍舉說：「有一隻大鳥，停在土丘上面，三年不飛、也不鳴，那是什麼鳥？」

莊王答：「三年不飛，一飛就會沖天；三年不鳴，一鳴就會驚人。伍舉你退下去吧，你的意思我明白了。」

可是，過了幾個月，莊王反而更加淫樂。（「淫」是過度、放縱的意思，不專指色情）另一位大夫蘇從又進入內宮，見了莊王就放聲大哭。

莊王問他：「你哭什麼？」

蘇從說：「我哭我就要死了，楚國就要亡了。」

莊王：「你這話怎麼說？」

蘇從：「大王下令，進諫者殺無赦，所以我就要被殺了。大王再這樣下去，楚國怎能不亡，我怎能不哭呢？」

莊王：「你明知殺無赦，還要進諫。你難道不怕死嗎？」

蘇從：「如果能夠讓國君清醒過來，臣子死了也甘願。」

莊王聞言，推開左右美女，停止樂隊演奏。即日起上朝聽政，裁決明快果斷——誅殺好幾百人，晉升好幾百人，楚國人心大快。

原來，楚莊王被綁架脫險後，發覺自己是權力漩渦的中心，可是他身邊沒有一個可以信任的臣子，更沒有團隊可以承接國政，不能不暫時任由那些巨室弄權。三年的荒淫為樂其實是韜光養晦，他一直都在暗中觀察，終於他看到兩位可以託付信賴（不惜生命）的大臣，於是發動全面整肅，國家大政就委付伍舉與蘇從二位大夫。

楚莊王親政後第一樁大事是領軍平定庸國叛亂，後方安定遂起爭霸中原之心。當時晉國仍然獨強，但晉靈公無道給了楚莊王很大的空間，最先是鄭國幾番受晉國欺凌，終於忍不住叛晉與楚結盟，楚國又攻打晉國的盟國陳國、宋國，想要迫使晉軍來救，但趙盾忌憚楚國軍力，始終不跟楚軍正面交鋒，反而攻打鄭國，楚軍捨宋救鄭，晉軍無事撤退。（這一段過程故事很精彩，後頭再講。）

趙穿弒晉靈公、趙盾立晉成公，楚莊王更露骨的表態爭霸，於是有「問鼎中原」的故事：

陸渾地方的戎人對周王不恭敬，楚莊王抓到題目北伐「尊王」，擊敗陸渾之戎後，大軍抵達雒水之濱，在雒邑城外展示軍容。周定王派王孫滿去勞軍，楚莊王問王孫滿：「九鼎的大小輕重如何？」王孫滿說：「重點在君王的德行而不在擁有九鼎。當初夏禹有恩德於天下，遠方之國獻上地理與物產之圖，九州進貢金屬，乃以九州之金鑄鼎，……如此而能上下和協，得以承受上天的庇佑。後來夏桀昏亂，九鼎就遷到了商朝，統治天下六百年後，商紂暴虐，九鼎又遷到了周朝。總之，夏商周三代只要施行德政，鼎再小也重不可遷，但若政治昏亂，鼎再大也能輕易遷移。當年周成王定鼎於郟鄏（東周王城，成王興建雒邑時將九鼎遷於王城），占卜傳世三十代、祭祀七百年，這是天命。如今周王朝雖然德行衰微，可是天命尚未改變。九鼎的輕重不是你可以問的。」王孫滿這一席話站穩了政治制高點，楚莊王無從答辯，事實上他只有想要爭霸，沒有想要取代周王的意思，於是就撤軍回國了。

【原典精華】

楚子①伐陸渾之戎，遂至於雒，觀兵於周疆。定王使王孫滿勞②楚子。楚子問鼎③之大小輕重焉。

對曰：「在德不在鼎。昔夏之方有德也，遠方圖物④，貢金九牧⑤，鑄鼎象物⑥，……用能協於上下以承天休⑦。桀有昏德⑧，鼎遷於商，載祀六百。商紂暴虐，鼎遷於周。德之休明，雖小，重也。其建回⑨昏亂，雖大，輕也。……成王定鼎於郟鄏⑩，卜世三十，卜年七百，天所命也。周德雖衰，天命未改，鼎之輕重，未可問也。」

——《左傳．楚子問鼎》

①楚子：楚國是子爵之國，國君稱楚子

②勞：破音字讀「烙」，慰勞、勞軍。

③鼎：指九鼎。

④遠方圖物：將各地特產異物繪圖進呈。

⑤貢金九牧：九州進貢金屬。
⑥鑄鼎象物：將以九州之金屬鑄成九鼎，將九州地圖、特產鑄於鼎上。
⑦承天休：休：庇佑。承天休：承受天命庇佑。
⑧昏德：昏亂無德。
⑨建回：奸邪。
⑩郟鄏：音「夾入」，雒邑建東都前的地名。

楚莊王當時如果不是「問鼎之輕重」，有機會讓周定王給他一個「侯伯」稱號，如今碰了個釘子回去，莊王想要稱霸就只剩一條路：痛擊晉軍一次。可是趙盾始終把握原則，不跟楚軍正面衝突，但是一個意外的發展卻引發了邲之戰。

楚莊王親自領軍攻鄭，包圍鄭都十七天，鄭襄公命人占卜，求和「不吉」、巷戰「吉」，國人哭著上城堅守，同時向晉國求援。三個月後，城陷，鄭襄公袒胸露臂牽著羊（作奴僕狀）迎接楚莊王進城，楚莊王接受他求和，兵退一舍（三十里）與鄭國簽和約。

晉國派出援兵，可是半路接獲消息說鄭國投降了，中軍帥荀林父想要還師，上軍將士會贊成，可是中軍佐先穀（先且居的兒子）說：「晉國的霸業是武將在戰場上拚出來的，前人的霸業自我而失之，不如一死還痛快些。諸君能忍，我不能。」帶著自己的部隊渡過黃河，下軍大夫荀首（荀林父的弟弟）說：「他孤軍進擊必敗，即使不陣亡也將受刑法處罰。」下軍司馬韓厥對荀林父說：「你是元帥，部隊不聽命令是誰的錯？先縠如果孤軍戰敗，你的罪可大了。與其等到先縠戰敗，元帥獲罪，不如全軍進兵，六位將領共同承擔責任。」於是荀林父下令三軍渡河。

兩強大軍對峙，雙方內部各有不同意見：楚軍這邊令尹孫叔敖主和，伍參主戰，楚莊王最後決定開戰；晉軍這邊先縠主戰，欒書反對，荀林父猶豫不決。而鄭國則希望晉楚打出一個輸贏，他才好決定靠哪一邊，於是派出使節對晉軍說：「我們請和是迫不得已，你們進攻，我們跟隨，楚軍必敗。」

楚軍知道晉軍將帥意見不合，派使節去約期會盟（議和），晉軍仍然要戰但卻鬆懈了戒備。楚國令尹孫叔敖下令中軍發動突擊，打亂晉軍陣腳，楚莊王率三軍全面出擊，晉軍潰退，幸好士會在敖山預先佈下了七重防禦，晉上軍不潰散。中軍大夫趙嬰齊事先在黃河邊備好船隻，所以敗退時比其他部隊先渡河。表現最糟糕的是元帥荀林父，他在不知所措之下，竟然在中軍擂起戰鼓高喊：「先渡河的受賞！」剎時士卒爭相渡河，已經上船的拔刀砍那些攀附在舟邊的手，船上斷指多到可以用手捧起！

這就是春秋著名戰役之一的「邲之戰」，楚軍大勝，楚莊王一戰而霸。為人稱道的是楚莊王面對勝利的態度：大夫潘黨建議他將陣亡晉軍屍體堆起覆土為「京觀」（狀如小山），當時流行以此表彰勝利。可是楚莊王否決這項提議說：「你不懂，『武』分拆開來就是『止戈』二字，如今我一戰而使兩國之民暴骨，無以制暴；如果以京觀展現軍威，無以止戰。晉國仍然強大，不能自以為克竟全功，堆京觀幹嘛？」楚軍祭祀河神後還師。

楚莊王問鼎中原，除了他懷有雄心壯志之外，還另有一個原因促使他進軍中原，更牽涉春秋最有名的女性。下章分解。

春秋第一良吏——孫叔敖

邲之戰先主張和為貴後來主動出擊促成大勝的楚國令尹孫叔敖是司馬遷《史記．循吏列傳》①中的第一位，也就是春秋第一名的良吏。

孫叔敖最廣為流傳的故事「兩頭蛇」：孫叔敖年少的時候，有一次出去遊玩，看見一條兩頭蛇，將牠殺了並埋起來。回到家中放聲哭泣，母親問他為什麼哭，孫叔敖說：「我聽說見到兩頭蛇的人一定會死，我剛才外出見到了，恐怕會拋下母親先死了。」母親問：「兩頭蛇在哪？」孫叔敖說：「我怕後來的人又會看見，就把牠殺了並且埋起來。」母親說：「我聽說積陰德的人上天必有善報，你不會死。」後來孫叔敖出任楚國令尹，尚未開始行政，國人都已經信服他的仁義。

孫叔敖擔任令尹讓楚國富強起來，成為楚莊王爭霸中原的後盾。他最值得稱道的政績是農田水利：芍陂（今名安豐塘，位於安徽壽縣城南）使用超過二千五百年多年，是中國最古老而著名的水利工程，迄今仍對淮河流域的灌溉、防洪發揮作用，陂北建有「孫公祠」紀念他的功績。

① 作者註：循吏的定義簡單說就是好官，舉凡奉公守法、推廣文教、體察民瘼、振興農業乃至清廉公正都稱循吏。

過場一　前期進入中期

隨著五霸一一登場之後，春秋時代將由前期進入中期。

以諸侯國際大勢來說，前期是五霸輪換，中期是晉楚兩強爭霸；以遊戲規則來說，君子之風退位，實利至上盛行。

就拿晉楚對戰為例，前期的城濮之戰雙方先禮後兵，是君子之風的宣戰；邲之戰更有一幕非常戲劇化：晉軍撤退時，一輛戰車陷入坑中動彈不得，追擊的楚軍停下車來，喊話教晉軍怎麼修理，修好了，晉軍繼續撤退、楚軍繼續追趕，然後，那輛戰車又壞了，楚軍又等晉軍修好再追擊，最終晉軍安然遁去，還喊話感謝楚軍弟兄。這是基層戰士的君子之風，跟第十九章孟明視對陽處父說：「三年後再來拜君之賜。」對照，大將跟士卒有著相同的君子之風。

政治號召方面，「尊王」和「問鼎」往後都不再流行，周王做為「花瓶」，也從舞台上移至後台。

公侯伯子男的位階更完全拋棄，《左傳》記載一幕：晉國派荀庚為使者到魯國聘問並重修盟約，衛國使者孫良夫也在同時到達魯國。魯成公問魯卿臧宣叔：「荀庚在晉國職位排名第三，孫良夫在衛國職位是上卿。我們應該跟誰先行聘禮？」臧宣叔說：「次國的上卿相當大國的中卿，……，小國的上卿相當于大國的下卿……。衛國對晉國來說，稱不上次國（僅能算小國，荀庚為晉國下卿，兩人同級），而晉國是盟主，應該在前。」於是先跟荀庚簽盟約。

如果依照周公訂的制度，論爵等，晉國和衛國都是侯爵；論親疏，魯、鄭、晉都姓姬；上卿應該先於下卿。但形勢比人強，當時在晉國是盟主，連最講究周禮的魯國也不能不屈服於實力之下。

所謂前期中期其實沒有明顯的界線，所以是漸漸轉變的，讀者可以從故事進行中感受到轉變的漸進。

23. 春秋最強豔姬——夏姬

夏姬是鄭穆公的女兒，天生麗質，《列女傳》形容她：其狀美好無匹（外貌天下無雙），內挾技術（有床上特異功能），蓋老而復壯者（青春永駐的妖姬），還算含蓄的描述。野史的形容就精采了：生具國色，姿容妖艷，見者銷魂。至於她的特異功能，是十五歲時夢見一位異人，授以「吸精導氣」之法，也就是傳說中的「素女術」。

夏姬嫁給陳國大夫夏御叔，生子夏徵舒，十二歲時御叔病故。夏姬盛年新寡，不安於室，將夏徵舒留在城內修習六藝（禮樂射御書數），自己住在郊外的株林別墅。

兩位陳國大夫孔寧、儀行父早就垂涎夏姬美色，這下機會來了，先後成為株林別墅的入幕之賓。兩人當中，儀行父身貌俊偉，得夏姬偏愛；孔寧非常嫉妒，可是自己「競爭力不足」，剛好陳靈公是個好色之徒，孔寧就引介陳靈公也成了株林別墅的入幕之賓。從此，君臣三人經常一同前往株林取樂，毫不避忌。後來，陳靈公愛屋及烏，讓夏徵舒當上了陳國司馬，執掌兵權。

有一天，夏徵舒聽說國君臨幸自家別墅，趕回家款待。卻聽見靈公對兩位大夫說：「我看徵舒長得跟你倆還蠻像的。」孔、儀兩人說：「我們看比較像國君吧。」徵舒聞言怒火中燒，掩身馬廄門後，陳靈公酒足飯飽要回去時，被夏徵舒一箭射死。夏徵舒弒君之後，索性自立為陳侯，陳靈公的太子逃往晉國。孔寧和儀行父則逃往楚國。

楚莊王問他倆陳國為何發生變亂，孔、儀二人向楚莊王敘述緣由，莊王一聽之下，對夏姬大感興趣。翌年，發兵陳國「平亂」，殺了夏徵舒，將夏姬帶回楚國，有意納她為妾。楚國大夫申公巫臣對夏姬有意思，於是向莊王進諫：「大王是討伐弒君之罪而出兵陳國，如果娶了夏姬，就是因貪色而出兵，對大王爭取諸侯霸主的形象有損。」楚莊王聽了，決定不娶夏姬。可是，夏姬人已經進了王宮，該怎麼處理？申公巫臣就將王宮後牆推倒，帶著夏姬從後頭出去，沒讓人看見。

莊王不娶夏姬，帶兵討伐陳國的大將子反對夏姬也有興趣。申公巫臣又去對子反說：「夏姬是個不祥的女人，剋死夏御叔、害陳靈公被弒、又造成孔、儀二人流亡，自己的兒子也因她而被殺，還讓陳國因此亡國。天下女子多得很，何必娶這麼一個禍水？」於是子反也放棄了念頭。

楚莊王將夏姬嫁給楚國大夫連尹襄老，可是襄老卻在邲之戰陣亡，連屍體都沒找到。誰想到，連尹襄老的兒子連尹黑卻在父親陣亡之後，要與繼母私通！申公巫臣這時候去見夏姬，說：「妳在楚國很難混下去了，不如回娘家鄭國去吧，我過一段時間將會去娶妳。」夏姬聽他的話回去鄭國。申公巫臣一直等到楚莊王駕崩，楚共王繼位，才爭取到出使齊國的差使，藉機去鄭國與夏姬相會。

夏姬等了巫臣好幾年，一旦重逢，兩人決定私奔。鄭國是夏姬的娘家，可是國家小，得罪不起子反（當時是楚國令尹），於是兩人投奔晉國，晉國接納巫臣為大夫。

子反得到消息，真是氣炸了。可是晉國強大，不宜為了一個女人對晉國用兵。乃向楚共王建議，以重金致贈晉國，希望晉國不要讓巫臣做官——巫臣若因此投奔他國，楚國就可以施壓將巫臣弄回楚國治罪。楚共王說：「不必了。巫臣為了一名女子，已經毀了他的前程。況且，如果他對晉國能有貢獻，晉國豈會因為我送錢而不用巫臣？如果他沒有利用價值，晉國又豈會讓他做官？我們何必送錢給對手？」子反的建議不被採納，可是愈想愈氣。於是和將軍子重合謀，將申公巫臣的家族「廢」了，兩人瓜分了巫臣家族的食邑。

申公巫臣在晉國聽到消息，派人帶了一封信給兩人，說：「你們這兩個奸詐、邪惡、貪婪的偽君子，我一定會使你們疲於奔命而死！」於是向晉國獻策：教導楚國的世仇吳國使用兵車的戰術（吳國當時還不懂車戰），扶植吳國成為楚國後方的憂患。晉國派申公巫臣出使吳國，吳國聘請他的兒子狐庸擔任禮賓官，巫臣父子開始教導吳國車戰。

說完本章八卦之後，要回到晉楚爭霸的主軸。申公巫臣讓吳國成為楚國後方之患，因而打破了晉楚兩強相峙局勢，但那是後話不提。續前章，楚莊王在邲之戰大勝之後，想要更進一步擴張勢力，於是使出一招，引出下章故事。

24. 臣道依然霸道已變——申舟與解揚

楚莊王派申舟出使齊國，指示「不要向宋國借道」，又派公子馮出使晉國，指示「不要向鄭國借道」。申舟說：「去晉國的使者沒事，我則必死！」莊王說：「如果宋國殺你，我就發兵攻打他。」

申舟為什麼這麼說，有一段「前緣」：楚穆王時，跟鄭穆公、陳共公會盟，目標討伐宋國。宋國司寇（相當司法部長）華御事對宋成公說：「楚國只是想要我們示弱而已，我們何不主動示弱，不必等到他來用強。我們事實上無力對抗楚國，老百姓有何罪過（陷入戰爭）？」自願前往迎接楚王，表示宋國願意聽命，並為楚穆王開路前往孟諸大澤田獵。鄭穆公和宋成公參與圍獵，宋國沒有照規定供應取火器物，申舟當時擔任田獵的司馬，當眾鞭撻宋成公的御者。有人對申舟說：「一國之君是不可以侮辱的。」申舟說：「我是執行任務，豈敢愛惜生命而有虧職守？」

也就是說，申舟曉得宋國不會忘記那個仇，他此行經過宋國而不借道，肯定凶多吉少。可是莊王說了會為他報仇，做為臣子不能不去，就向莊王引見兒子申犀，然後上路。經過宋國時，宋人將他扣留。宋國右師華元對宋文公說：「通過我國境而不借道，是把我國當作他們的縣邑，那跟亡國一樣。殺掉那個使者，他當然來攻打，最壞也是亡國而已。」於是殺了申舟。①

楚莊王獲報宋國殺了申舟，甩開衣袖起身，侍者追到庭院才送上鞋子，追到宮門之外才送上配劍，追到市場才讓莊王上戰車——楚軍很快攻進宋國，包圍宋都。

宋國向晉國告急，晉景公有意發兵往救，大夫伯宗說：「不行，宋國路遠，我們鞭長莫及，而且楚國氣勢正旺，所謂得天時，晉國雖強卻不能違天，國君姑且等待楚國氣勢消退再徐圖後進。」於是派解揚為使節去宋國，告訴宋國：「晉國大軍即將到來，切勿投降楚國。」解揚經過鄭國時被逮捕，送到前線楚軍營中，楚莊王重重賄賂他，要他對宋國都

①作者註：華元是華御事的兒子，宋文公是宋成公的兒子，兩人都記得父親受辱之仇。

城內喊話「晉軍不會來了」，解揚不答應，講到第三次才點頭。登上樓車對城內喊話，解揚仍然喊說：「晉軍已經動員前來，你們要堅持守城。」

楚莊王當然生氣，但他畢竟是一世雄主，派人問解揚：「你都答應我了，為什麼說反話？可不是我不守信用，是你自己背信招禍！」解揚說：「為君者能夠制命為義，為臣者能夠承命為信，秉持信的人不接受兩個（相反的）命令。國君您命令我違反我承受的君命，是違反義理的命令。我答應您是為了完成我承受的君命，如果因為完成了君命而死，死而無憾。」楚莊王說：「真是個君子啊！」放解揚回晉國。

宋國因為解揚的喊話而死守，但楚莊王聽了解揚的喊話，以為晉國的救兵真的會來，有意撤軍回國（當時圍城已經九個月，楚軍糧食拮据）。申舟的兒子申犀在莊王的馬前稽首（一百八十度鞠躬）說：「我的父親行前已知必死，仍然忠實執行王命，大王答應他伐宋，難道要無功而返嗎？」莊王無辭以對。

楚國大夫申叔時建議：「派人興建屋舍，另派人耕種城外農田，宋人以為我們要持久圍城，必定害怕而投降。」莊王同意。

果然宋國怕了，右師華元趁夜潛入楚軍營地，登上令尹子反的床，將子反推醒，對他說：「我們國君派我來訴說困境，城內已經糧盡，人民交換兒子當食物，拆開死人骨頭當柴燒。然而，如果要簽城下之盟（投降），我們絕不接受，寧可亡國。但如果你們退後三十里，則條件好談。」子反受挾持害怕性命不保，答應向楚莊王報告。莊王本來就有意還師，於是楚軍退後三十里，楚國接受宋國求和，華元到楚國當人質。和約載明：雙方以後不再爾虞我詐。

【原典精華】

華元夜入楚師，登子反之床，起之曰：「寡君使元以病①告，曰，敝邑易子而食，析骸以爨②。雖然，城下之盟，有以國斃，不能從也，去我三十里，唯命是聽。」

子反懼，與之盟，而告王。退三十里，宋及楚平③，華元為質。盟曰：我無爾詐，爾無我虞。

——《左傳・華元夜登子反之床》

①病：困境。
②析：拆開。析骸以爨：拆開死人骸骨當柴燒。
③平：簽和約。

申舟、解揚都是盡臣道的典型，可是楚莊王和晉景公可都是存心要臣子去送死，也就是為了霸業可以犧牲臣子，這跟齊桓公、晉文公、秦穆公的作風是不一樣的。而臣道往後也開始微變、漸變，下章故事則是另一種變化。

傑出的外交家——華元

主文中那位夜入敵營的華元，曾經犯過很不值得的錯誤，讓自己成為戰俘。

華元是第三章那位貪色弒君的華父督的五代孫，歷代都是宋國的執政（左師或右師）。鄭國攻打宋國，華元率軍迎戰，決戰前夕，華元宰羊犒賞全軍，獨漏了羊斟，偏偏羊斟是華元戰車的御者。第二天開戰，羊斟對華元說：「昨天分配羊羹你作主，今天駕車我作主。」韁繩一振，直驅鄭軍陣地，兩人一同成為俘虜。

戰後，宋國以裝飾精美的四馬大車一百乘贖回華元，才交車一半，華元自己脫逃回宋國。後來他見到羊斟時說：「那天是你的馬不聽使喚吧？」羊斟回答：「不是馬，是人。」說完就逃奔魯國去了。（華元是故意那麼說想要化解怨仇，但羊斟不相信華元日後不會找機會報復。）

華元官復原職，有一次巡視築城工程時，聽到工人唱著：「瞪著兩隻大眼睛，挺著一個大肚皮，丟盔棄甲又逃回，那個滿臉于思（絡腮鬍蓬鬆下垂）的傢伙棄甲而回。」華元教他的驂乘去跟工人說：「牛皮不缺，犀兕尚多，丟了皮甲又如何？」工人再唱：「即使牛皮不缺，丹漆卻哪裡找？」華元聽了，對驂乘說：「快走吧！他們嘴多我嘴少。」②

華元能以戰俘之身從鄭國自行逃歸，又能在圍城中夜登敵人主將之床，顯然智勇兼備；而他主動找羊斟求化解，又不計較工人諷刺，顯然胸襟開闊。後來華元還促成晉楚第一次弭兵，成為春秋時代傑出的外交家。

②作者註：「兕」是青色犀牛。由以上對話可知，當時中國有很多野生犀牛。

25. 晉國再次偉大的第一步——諸將讓功

故事從邲之戰後講起。晉軍大敗回國，主帥荀林父主動請死，晉景公原本有意接受，大夫士渥濁進諫：「城濮之戰晉國勝，文公卻面有憂色，左右問其故，文公說『子玉還是楚國令尹，困獸猶鬥，何況子玉是能將』，等到子玉被楚成王以言語逼死（第十八章），文公才現出喜色。為什麼？因為那等於晉再勝而楚再敗，楚國因此兩代失去競爭力。今天的情況雖然是楚國勝，但若殺了荀林父，等於楚再勝而晉再敗。而且荀林父對國君盡忠、對社稷盡職，是國之干城，為什麼要殺他呢？」晉景公接受，荀林父仍然擔任中軍帥。後來荀林父在對狄國的戰爭獲勝，晉景公為此賞賜士渥濁。

從邲之戰前先穀莽動諸將跟進以分擔責任，到士渥濁進諫讓荀林父脫罪復職，晉國諸將漸漸建立了榮辱與共的意識，這種意識在齊晉鞍之戰後，展現得更淋漓盡致。

齊國攻擊魯國、衛國，魯衛都向晉國求援，當時擔任正卿兼元帥的郤克力主伐齊，晉景公給他八百乘（一乘戰車三人，配置七十二名步兵，合六萬人兵力）。大軍開進齊國境內，齊國勇士高固衝進晉軍陣營，奪下一輛戰車駕回齊軍陣營，遊行示眾並高喊：「還有沒有跟我一樣勇敢的人？」兩軍在鞍地對峙，齊頃公說：「明天一早開戰，將這些傢伙殲滅後才吃早飯。」簡單說，齊國上下一心——輕敵。

戰鬥極其慘烈，晉軍主帥郤克中箭，血一直流下到鞋子，勉力維持鼓聲不絕（中軍將通常自執旗鼓），對御者張侯說：「我不行了。」張侯說：「一開戰我就被箭貫穿手臂和手肘，我將箭折斷，繼續駕車，戰車的左輪因染血而呈赤黑色，都沒叫痛。長官你一定要忍耐繼續撐住，軍隊的耳目在旗鼓，全軍都賴此一車，豈能因一人之傷痛而敗國君的大事。上戰場就是決心一死，傷而未死，長官拚一下吧！」郤克以左手執轡、右手擊鼓，放任戎馬奔馳，晉軍奮勇跟上，齊軍潰敗。

齊頃公的御者逢丑父見情況不妙，跟頃公換位置，晉軍將領韓厥攔截齊頃公戰車，逢丑父教齊頃公下車去取水，讓韓厥駕車前往晉軍營地。郤克發現這傢伙是個西貝貨，命拖下去殺了。逢丑父呼叫：「殺了我，從此再也沒有人願意代君受患難的了。」郤克嘉勉他的行為，饒他不死。

齊軍敗退，晉軍追逐不捨，齊頃公派大夫賓媚人為使節，以齊國寶物和侵略魯、衛所得土地做為議和條件，郤克不答應，說「要以齊國國君的母親為人質」才能議和，賓媚人表示這個條件無法接受，齊國只得決一死戰了。魯國、衛國深怕談判破裂，勸郤克：「你們得齊國之寶，我們得回土地，讓齊國的災難得以紓解，沒有比這個更好的結果了。如果閣下不答應，將來齊國對我們肯定更加仇視，晉國做為霸主，盟國多難又有什麼好處呢？」於是郤克和賓媚人簽訂和約。

晉軍凱旋，諸軍進入絳都，上軍佐士燮刻意最後進城，他的父親士會責怪他為何落後說：「我對你沒什麼指望了。」士燮說：「對齊國打了勝仗，國人歡喜迎接，爭先進城會搶了主帥的鋒頭。」

郤克向晉景公覆命，景公說：「這次都是你的功勞啊！」郤克說：「奉國君之命出征，靠諸將之力獲勝，我有什麼功勞？」

士燮入見，景公同樣慰勞他，士燮說：「上軍將是荀庚，他沒去我代理，且都是受元帥郤克的節制作戰，我有什麼功勞？」

下軍將欒書入見，景公同樣慰勞他，欒書說：「多承士燮的教導和士卒用命，我有什麼功勞？」

晉國諸將讓功而不爭功，是晉國在邲之戰大敗後知恥團結的表現，也是晉國能夠回到霸主地位的充分條件。然而，巨室之間有默契的相互標榜抬舉，國君如果罩不住，就有被架空的危險。但此時尚未顯現，而晉景公正努力要雪恥復霸，更由於諸將都是可用之才，於是晉國兩次擴軍成為六軍，正副將共十二位將領由幾個巨室擔任（後來再減為四軍八卿）。東方的齊國既然已經屈服，下一步是解決西方的秦國，乃能毫無肘腋之憂，專心對付楚國。下章分解。

國事當兒戲惹來大禍——齊頃公

鞍之戰完全是齊頃公把國事當兒戲惹出來的。

邲之戰後，晉國聲勢大衰，晉景公派郤克出使齊國，冀望先改善跟東方強國的關係。郤克在往臨菑的路上碰到了同往齊國的魯國使者季孫行父、衛國使者孫良夫，三隊人馬於是結伴同行。到了齊國朝見齊頃公，頃公下朝向母親描述今天在朝堂上看見了一個「奇觀」，母親聽了凡心大動，於是齊頃公隔天安排了一場惡作劇，再次接見三位使者時只見：一個駝背侍者引著有點駝背的郤克、一個瘸子侍者領著拄枴杖的季孫行父、一個瞎子侍者引領眇一隻眼的孫良夫上朝堂，頃公的母親在幕後笑出聲來。郤克大怒，出來發誓說：「不報此仇從此不東渡黃河。」郤克回到晉國，請求發兵討伐齊國，晉景公不許，郤克請求帶自己家族的軍隊去攻打，也不准。（這也是郤克後來要求以齊頃公母親為人質的原因。）

直到郤克成為正卿兼中軍帥時，齊頃公攻打魯國，衛國派兵救魯，都被齊國打敗，兩國向晉國求援，郤克力主出兵，於是發生鞍之戰。

遭遇重大挫折的齊頃公，像是換了一個腦袋：廢棄獵苑、減輕賦斂、賑濟孤寡、存問病殘、輸盡積蓄以救荒年，百姓都很歡喜。晉景公設六軍，齊頃公感受到危機，去朝見晉景公，表示要「尊晉景公為王」——周制只有天子可以設六軍，晉景公不敢接受。齊頃公如此柔軟身段，換來晉國不再對齊國用兵。

26. 秦國被打趴了——麻隧之戰

晉景公勵精圖治想要重振霸業，可是他得了一個怪病，晉國群醫束手，去秦國延請一位良醫來診治。醫生還沒到，景公夢見兩個小鬼對話，一個說：「要來的醫生很厲害，下藥必定傷我，哪裡可以逃？」另一個說：「躲在肓之上、膏之下，他就沒辦法了。」

秦國醫生到了，診脈後說：「沒得醫了，病根在肓之上、膏之下，針藥都到達不了。」景公說：「果然良醫。」厚謝送他回去，不久就去世了。①

繼位的晉厲公同樣致力於重振霸業，他盱衡國際大勢，北面翟（狄）國已經平服，東

①作者註：膏與肓是中醫穴位名稱，上述故事是「病入膏肓」成語典故。

面齊國也搞定，他決定跟秦國重修舊好，如此可以專心對付南面的楚國。於是他跟秦桓公相約在令狐盟會，秦桓公答應了，可是卻在最後一刻不肯渡過黃河，指派大夫史顆到河東去跟晉國會盟，晉國則派大夫郤犨到河西跟秦國會盟。孰料，秦桓公回到國內隨即背棄盟約，聯合楚國和翟國準備聯合伐晉。

晉厲公決心要解決秦國，可是他的主要對手是楚國，不能打贏了秦國卻耗盡國力，於是他再次打起「尊王」旗號，邀集齊、魯、宋、衛、鄭、曹、邾、滕八國國君率軍會師周王城，共商伐秦事宜，周簡王也派兩位大夫劉康公、成肅公率軍加入。

這下陣仗不一樣了，王師伐秦必須講究禮節（身段），晉厲公先派呂相去秦國宣戰，然後大軍浩浩蕩蕩渡過黃河，在麻隧列陣。秦桓公之前派使節邀楚國聯合抗晉，可是楚國不願對抗王師而回絕了，秦桓公傾全國之力抗戰，大軍在渡過涇水尚未集結列陣時，聯軍發動攻擊，秦軍霎時陷入恐慌潰不成軍，回奔的秦軍跳入涇水溺死無數，岸上的秦軍幾乎被全殲。（對比第十四章楚宋泓之戰，更顯宋襄公假仁假義不攻擊半渡楚軍的愚蠢。）

麻隧之戰後，秦國一蹶不振，不再成為晉國的威脅，而楚國背盟不出兵（秦晉崤之戰後秦楚即結盟），使得秦楚之間出現裂隙。另一方，晉國再次以霸主姿態「尊王」，下一步當然要「攘夷」，也就是晉楚要再一次決戰。下章分解。

斷交宣戰文範本——呂相絕秦

主文說到晉厲公派呂相去秦國宣戰，呂相寫了一篇數千字長文，細數晉國歷代國君對秦國多好，而秦國歷代國君是如何對不起晉國。當然那是一面之辭，甚至顛倒曲直，可是呂相那篇文章寫得實在太好了，所以一直流傳下來，成為斷交宣戰文章的範本。

簡單摘要：

【原典精華】

昔逮我獻公及穆公相好，戮力同心，申之以盟誓，重之以昏①姻……用集我文公。是穆之成也。文公躬擐②甲冑，……而朝諸秦，則亦既報舊德矣。

鄭人怒君之疆埸，我文公帥諸侯及秦圍鄭。秦大夫不詢于我寡君，擅及鄭盟。諸侯疾之，將致命③于秦。文公恐懼，綏靜諸侯，秦師克還無害，則是我有大造④于西也。

文公即世，穆為不弔，蔑死我君，寡我襄公，迭我殽地，……我襄公未忘君之舊勛，而懼社稷之隕，是以有殽之師。

穆、襄即世，康、靈即位。康公，我之自出，又欲闕翦我公室，傾覆我社稷，帥我蝥賊，以來蕩搖我邊疆，我是以有令狐之役。康猶不悛⑤，入我河曲，……我是以有河曲之戰。東道之不通，則是康公絕我好也。

及君之嗣也，……景公即世，我寡君是以有令狐之會。君又不祥，背棄盟誓。……寡人帥以聽命，唯好是求。君若惠顧諸侯，矜哀寡人，而賜之盟，則寡人之願也，其承寧諸侯以退，豈敢徼亂？君若不施大惠，寡人不佞，其不能以諸侯退矣。敢盡布之執事，俾執事實圖利之。

——《左傳．呂相絕秦》

①昏：同「婚」。

②擐：穿上。

③致命：問罪。

④大造：大恩。

⑤悛：悔改。

白話大意：（括弧內為作者詮釋）

打從我獻公起，跟你穆公相好，盟誓加上婚姻，因而促成我文公能夠即位，這是貴國穆公成就的。我文公南征北討建立霸業，仍一貫尊崇秦國，已經報答了穆公的恩情。（之前秦穆公對兩位小舅子的恩情，就此一筆勾銷。）

聯軍圍攻鄭國那一役，貴國私自跟鄭國議和且率自撤軍，其他諸侯都想問罪秦國，是我文公安撫才讓秦軍安然撤退，這是我文公幫了秦國的大忙。（以下都是秦國的錯了。）

文公逝世，穆公非但不來弔喪，還擅自通過我國境，我襄公並非忘記穆公過去的恩情，而是考慮國家尊嚴，於是才有殽之戰。

穆公、襄公逝世，康公、靈公即位。康公是我晉國的外甥（穆姬的兒子），卻帶兵擁戴我國的叛徒（指公子雍），企圖推翻我晉國的公室，因此而有令狐之役；康公還不死心，一再挑釁，因此而有河曲之役——秦國無法通往東方，完全是康公跟我交惡而造成。（完全顛倒黑白。）

及至國君您（秦桓公）和我厲公相繼即位，寡君期待和平修好，因此有令狐之會，沒想到您卻背棄盟誓。現在諸侯聯軍已經集結，您如果體恤諸侯軍隊避免戰爭而願意和談，寡君當然會調和諸侯撤軍，如果您不此之圖，那我也沒辦法，一切都看您的決定。（根本是高姿態逼和，料準秦桓公不可能接受。）

27. 楚國元氣大傷——鄢陵之戰

楚莊王時期打得晉國不敢出頭，莊王逝世楚共王即位，仍展現霸主威風，舉行過一次十一國參加的諸侯會盟。由於共王年幼（十歲即位），大政交給叔父子重、子反，他倆弄權瓜分了申公巫臣的家產（第廿三章），造成楚國的肘腋大患，但那是後來的事。

引發晉楚大戰的導火線是鄭國。鄭國在邲之戰後一直在楚集團，鄭成公想要兩面討好，私下跟楚共王達成盟約後，去朝見晉景公（想要兩面討好），卻被晉國扣留，並派中軍帥欒書伐鄭。為此，楚國伐陳以救鄭（陳國是晉集團），鄭國內部則另立國君，於是晉國放了成公，成公回國復位。經過這一番折騰，鄭成公在幾年內忙於清除國內異己份子，安內之後改變立場，成為晉國的馬前卒，攻打並滅了許國（楚集團）。楚國火了，發兵攻進鄭國，將許君安置在楚國境內成為附庸，而鄭成公卻又背棄晉國跟楚國結盟。

這下換晉厲公翻臉了，他親率四軍伐鄭，中軍帥仍為欒書。這是秦晉麻隧之戰後三年，晉厲公全面動員，四軍八卿同行七卿（一卿留守），顯示晉厲公有想要跟楚國打一場決輸贏的仗。事實上，晉國方面在出兵前曾經有一番討論：郤至認為晉軍已經兵馬壯盛，不必再忍辱負重（第廿四章楚軍圍宋而晉軍不敢出），使得晉國失去了諸侯盟主地位，這是洗雪邲之戰恥辱的大好機會。士燮則認為，秦、翟、齊都已降服，西面、北面、東面都已經安靖，何不留著南面的楚國做為警惕呢？這項討論不構成爭議，因為晉景公、晉厲公兩代念茲在茲的就是洗雪邲之戰的恥辱。

可是楚共王沒有察覺到晉國的必勝意志，他的戰略是在晉國盟軍（齊、魯、宋、衛）未集結前速戰速決——一個大霧瀰漫的清晨，楚軍突然出現在晉軍營壘前布陣。這完全出乎晉軍意料，因為那天是「晦日」，古時候認為晦日不宜開戰。而晉軍營壘前有泥沼，兵車無法出營列陣，處於不利位置。主帥欒書有意暫避楚軍鋒銳，固壘堅守（前方泥沼同樣不利楚軍戰車攻擊），待援軍集結完成，再以優勢兵力取勝。

士燮的兒子士匄（音「蓋」）向欒書進言：「晉楚兩國勢均力敵，怕他什麼？」士燮抄起戈將兒子趕出中軍帳說：「小孩子亂說什麼？」郤至說：「楚國有六個致敗因素，二卿

（子重、子反）不合、王卒（楚王親兵）太老、鄭軍列陣不整、諸蠻（楚國南方附庸）軍隊連列陣都不會、晦日列陣、列陣卻部眾喧囂。我軍一定能勝。」晉厲公決定開戰，欒書採納士匄的建議，在軍營內填井平灶擴大空間就地列陣，既克服不能出營布陣的困境，更隱蔽了自己的部署。

探報楚軍陣壘內有動靜，楚共王偕大宰伯州犁（投誠楚國的晉國大夫）登上樓車瞭解敵情。共王問：「兵車左右奔馳是怎樣？」伯州犁說：「是召集軍官。」共王說：「那些人都進入軍營帳。」伯州犁說：「這是在開會商量。」共王說：「搭起帳幕了。」伯州犁說：「這是晉軍向先君卜吉凶。」共王說：「撤去帳幕了。」伯州犁說：「快要發佈命令了。」共王說：「非常喧鬧，而且塵土飛揚。」伯州犁說：「準備填井平灶，擺開陣勢。」共王說：「都登上了戰車，左右兩側的人又持著武器下車。」伯州犁說：「這是聽取主帥發佈誓師令。」共王問：「要開戰了嗎？」伯州犁說：「還不知道。」共王說：「又上了戰車，但左右兩側的人又都下來。」伯州犁說：「這是開戰前向神祈禱。」伯州犁同時向楚共王指出晉厲公親兵的位置。

晉厲公也在楚國投誠晉國的苗賁皇陪伴下，登高台觀察楚軍的陣勢。苗賁皇一樣指出楚共王親兵的位置。晉厲公左右的將士都說：「楚國最出色的武士都在中軍，而且人數眾多，不可抵擋。」苗賁皇提出建議說：「楚國的精銳部隊不過是中軍裡那些楚王的親兵罷了。請分出一部分精兵去攻擊楚國的左右兩軍，再集中三軍攻打楚王的親兵，一定能把它們打得大敗。」

晉厲公採納苗賁皇的建議，由中軍將、佐各率精銳一部加強左右兩翼。在營內開闢通道，迅速出營，繞營前泥沼兩側向楚軍發起進攻。首先擊破楚軍薄弱的左、右軍。楚共王望見晉厲公所在的晉中軍兵力薄弱，親率中軍攻擊，企圖先擊敗晉中軍，結果遭到晉軍頑強抗擊。晉將魏錡用箭射傷楚共王的眼睛，迫使楚中軍後退，未及支援兩翼。

楚共王召來神箭手養由基，給他兩支箭，令其射魏錡。養由基一箭射中了魏錡的頸項，魏錡伏在弓套上死去，養由基攜另一支箭向楚共王覆命。戰鬥從晨至暮，楚軍受挫後退，除了共王被射瞎一隻眼睛，楚王子（熊）筏被俘，鄭將唐苟為保護鄭成公敗逃而戰死，但雙方勝負未定。

楚共王決定次日再戰，司馬子反派軍吏視察傷患，補充步兵與車兵，修理盔甲武器，清理戰車馬匹，命令次日雞鳴時吃飯，整裝待命，投入戰鬥。晉軍也準備次日再戰，苗賁皇並故意放鬆對楚國戰俘的看守，讓他們逃回楚營，報告晉軍備戰情況。楚共王得知晉軍已有準備後，立即召見子反討論對策。

誰曉得，如此重要時刻子反卻喝醉了——子反一向嗜酒，當天他下令不准拿酒給他喝，他的近侍陽穀拿了酒對他說：「這是水。」子反知道是酒卻仍然喝了，而且喝得大醉，呼之不應，扶之不起。共王召子反不至，無奈說：「這是上天要讓楚國失敗，我不能待在這裡了。」下令楚軍連夜撤退。

養由基將子反綁在戰車上（不讓士卒看見大將醉倒），走了二百多里才醒來，子反大哭說：「陽穀害死我了。」楚共王怕子反自殺，派人去對他說：「從前（城濮之戰）子玉打了敗仗而自殺，是因為君王不在軍中。如今是我率軍親征，你只是副帥，所有責任由我承擔。」子反向使者再拜受命。

可是，想要子反令尹位子的子重卻派人去對子反說：「敗軍喪師將領的前例你是知道的，為什麼不想想該如何自處呢？」子反說：「大夫這樣說了，我又怎麼敢推卸責任呢？」楚共王聽說，急忙派人去阻止子反自殺，但使者到得太遲，子反已經自殺了。

鄢陵之戰是晉楚兩強第三次也是最後一次主力對決，晉勝楚敗也標幟了楚國進軍中原已是強弩之末——從此只能是晉國的霸權威脅者，事實上無力爭霸。可是晉國雖然已經沒有敵手，卻沒想到會發生一場內亂，而內亂反而帶出一位新霸主，劇情曲折，變化出人意料。下章分解。

28. 又見九合諸侯——晉悼公復霸

晉厲公打贏鄢陵之戰後不可一世，覺得那些卿大夫意見太多很煩人。他有很多寵姬，寵姬們施展枕邊耳語要厲公重用她們的兄弟（外戚），取代那些卿大夫。外戚中有一位名叫胥童，他跟郤至有仇，對厲公說：「要除群大夫應該從三郤開始，因為不滿他們的卿大夫很多，從他們下手較易。」

所謂「三郤」是郤錡、郤至、郤犨，三人都位列「四軍八卿」，佔了快一半位置，而郤氏四代出了八位卿，家族的權勢和財富達到頂點，令其他卿室都看他們眼紅。

中軍帥欒書也嫉恨郤至（主戰）在鄢陵之戰搶了他的鋒頭，於是私下派人跟楚共王說：「都是郤至主戰才有鄢陵之戰。」楚國派人放話傳到晉厲公耳中：「鄢陵之戰其實是郤至招楚軍救鄭（大霧中突然進逼，見前章），目的是要迎立公子周（晉襄公的曾孫，當時在周天子王城）取代晉厲公，由於參與共謀的諸侯軍隊未能到位而沒有發動政變。」

晉厲公無法求證這個消息的真假，問欒書意見，欒書說：「國君可以派郤至出使周王城，或許他們會露出馬腳。」厲公派郤至出使周王，欒書則運作公子周會見郤至，郤至當然不曉得他被算計了。晉厲公發現「傳言果然是真」，於是起了殺郤至之心。

之後有一次晉厲公出獵，與寵姬們飲酒，郤至將獵得的野豬肉進獻給厲公，被宦官奪走，郤至火大射殺宦官。晉厲公生氣地說：「郤至膽敢蔑視我！」準備誅殺三郤，尚未發動，郤氏族長郤錡主張先下手為強攻擊厲公，但因郤至反對而延遲了行動。另一方面，胥童和另一位厲公寵臣夷陽五率八百兵士襲殺三郤，還將他們的屍體暴置於朝堂（示眾）。胥童一不做二不休，將包括欒書和荀偃（上軍佐，荀林父之孫）在內的卿大夫抓了一堆，對厲公說：「不殺這兩個（指欒、荀），必定禍及國君您。」晉厲公說：「一日之已經殺了三卿，寡人不想再增加。」放了欒書等人，任命胥童為卿。

過了不久，晉厲公出遊，欒書和荀偃帶兵偷襲綁架厲公，殺了胥童，厲公被囚禁六天後死亡，欒書和荀偃派智罃、士魴兩位大夫去周王城迎回公子周，立為晉悼公。

晉悼公即位時才十四歲，以天性聰慧聞名，此所以晉厲公對「郤至欲立公子周」的謠言看得很嚴重。在此之前，趙盾曾經從周王城迎立公子黑臀回國即位（晉成公），卻形同傀儡，因此晉悼公在即位儀式之後，當場對諸卿大夫說：「各位願意以我為君，就請大夫們輔佐寡人，如若不然，則另請高明，我不能坐擁空名。」此話一出，眾皆驚異，諸卿大夫俯首再拜表示唯君是從。

於是晉悼公重定八卿、任命百官、施行善政，他的措施不一一細數，簡單說，一個三代遠居國外、沒有資源、沒有黨羽的十四歲少年，對晉國內部情況卻瞭如指掌，誅放奸宄、舉任賢能都讓人服氣，短短一年，晉國從誅三郤之後的亂局轉為欣欣向榮。

中原諸侯原本因為鄢陵之戰而放心，以為「楚蠻」無力再犯中原了，卻因晉國陷入內亂，擔心國際秩序沒有盟主出面維持，如今又見晉國再次興盛，於是充滿期待。而晉悼公重返盟主之路的第一步是收服魯國：魯成公去晉國朝見時，晉悼公跟魯成公齊肩並行，這是盟主對諸侯的格外禮遇，魯國因此成為晉國在東方的死忠兼換帖。然後他娶了杞桓公的女兒，以此為起點，跟杞、滕、曹、邾、薛、莒、郳等東方小國禮尚往來，讓這些小國國君因為可以跟大國諸侯並列而感覺良好，晉悼公的國際聲望一時達到頂點。

國際聲望只是做為盟主的充分條件，必要條件是展現武力，而機會很快出現。

楚共王在鄢陵之戰後並不死心，又指使鄭國攻打宋國，楚軍隨後也出兵攻佔宋國的彭城，留下宋國降將守城，宋軍反攻包圍彭城，城內死守不克。楚共王派令尹子重率軍救彭城，宋國向晉國求援。晉悼公召開軍事會議，中軍將韓厥說：「成霸安強就從救宋開始。」於是悼公下令出兵。

晉軍直指彭城，楚軍統帥令尹子重不敢攖其鋒，主力退卻觀望。晉悼公邀齊、魯、衞、曹、莒、邾、滕、薛等諸侯會盟救宋，發下豪語「不克彭城不歸」。

聯軍圍攻彭城將破，子重無奈撤軍，彭城守將投降，彭城再歸宋國。可是齊國卻在彭城之戰結束前叛盟撤軍，因此晉軍轉而伐齊，齊國服軟議和，將太子送去晉國為人質。聯軍再轉向攻鄭，攻陷鄭都外城，鄭軍死守新鄭（內城），聯軍耀武揚威之後離去。晉悼公再下令討伐陳、楚，楚軍守城不出，晉軍掠其四境後撤軍。以上事情全在半年之內發生，晉悼公一舉而霸。之後最大的成就是收服鄭國，楚國從此失去前進中原的最重要盟國，而晉悼公前後九次跟諸侯會盟，成為齊桓公、晉文公之後最威風的霸主。

楚國方面，對晉國忍氣吞聲也就罷了，這段期間居然還敗給了新崛起的吳國（之前巫臣去教吳國車戰顯現效果），令尹子重心病（羞愧）卒發而死——當初他跟子反兩人將巫臣滅族並瓜分其采邑（第廿三章），終於嘗到惡果。

晉悼公見形勢大好，邀集諸侯在雞澤會盟共商伐楚，中原諸侯到齊，卻因吳王壽夢路遠不克參加，兩路夾攻楚國的大戰略無法執行而未能行動。然而，雞澤之盟卻有一個意外收穫——陳成公派上卿袁橋到場表示願意加盟。陳國自夏徵舒之亂（第廿三章）被楚滅亡，雖然復國但實質是楚國的附庸，陳國加盟晉集團不啻昭告諸侯：楚國已經沒有爭霸實力。

雞澤之盟對晉悼公來說，更大的收獲是發現一位高級人才魏絳。

魏絳當時的職務是中軍司馬，負責軍隊紀律。晉悼公的弟弟（姬）楊干亂了行伍，依軍法是死罪，魏絳處決了楊干的僕從，晉悼公大怒，認為那是對他的侮辱，要殺魏絳。中軍尉羊舌赤說：「魏絳事君沒有貳心，有難不避、有罪不逃，他一定會來報告，不勞國君下令。」話才說完，魏絳到了，交給悼公御者一份書面報告，然後拔劍自刎，被士魴阻止。悼公看魏絳的報告，大意為：國君集合諸侯盟會，行伍亂了會給諸侯看笑話，負責的臣子如果怕死而不追究，沒有比這個更大的罪過了。因我執行軍法而引君心之怒，甘願一死謝罪。

晉悼公看完，光著腳（連鞋都來不及穿）出來對魏絳說：「寡人之言是友愛兄弟，你所言是執行軍紀。寡人平常沒教好弟弟，以至於干犯軍紀，是寡人的過失，你若自殺就是加重我的罪過了。」回到絳都，任命魏絳為新軍佐（八卿之一）。

【原典精華】

（魏絳上書）公讀其書曰：「……君合諸侯，臣敢不敬，君師不武①，執事不敬②，罪莫大焉……請歸死於司寇」。

公跣而出，曰：「寡人之言，親愛③也，吾子之討④，軍禮也，寡人有弟，弗能教訓，使干⑤大命，寡人之過也。子無重⑥寡人之過，敢以為請。」

晉侯以魏絳為能，以刑佐民⑦矣，反役，與之禮食，使佐新軍。

——《左傳．魏絳以刑佐民》

①不武：軍紀不佳。

②不敬：不能嚴格執行。

③親愛：愛親，晉悼公說自己偏愛弟弟。

④討：追究。此處同「聲討」用法。

⑤干：犯。

⑥重：重覆。

⑦以刑佐民：能夠堅定執法輔佐治國。

魏絳後來最大的功勞，是提出「和戎」戰略，也就是跟戎狄和平相處。在此之前，戎狄屢為邊患，晉國都以軍事討伐，晉悼公本人也說過「戎狄貪而無親，不如伐之」。魏絳執行和戎政策短短八年，與戎狄和睦相處，節省軍事開支且讓人民生產提高。

其實不只晉國，諸侯各國都以征戰頻繁為苦。於是舉行了兩次弭兵大會（諸侯共同簽署和平協定），是春秋時代罕見的和平時期。怎麼可能？下章分解。

難挽狂瀾——楚國令尹子囊

眼看著晉國勢力膨脹，楚國並未坐以待斃，在子反、子重死去後，楚共王任用子囊為令尹，子囊是楚莊王的兒子，楚共王至此才擺脫兩個叔叔，用自己的兄弟執政。子囊在鄢陵之戰後，力圖重振楚國聲威，但面對晉悼公一世雄主的勢頭，終究難挽狂瀾。

子囊非常清楚楚國力不及晉國，可是他為了勉力維持楚國的霸主形象，執政期間共進行了六次北伐，總是避開跟晉國強碰，也婉拒秦國邀約聯軍伐晉。

他最後一次出征是伐吳，那時吳國羽翼已豐，且能巧妙的避開楚軍主力，以騷擾代替大軍對決。子囊不察，以為吳人膽怯畏戰，在回師時遭到突襲，敗績而歸。

楚共王逝世，大夫議論諡號該用「厲」或「靈」，這兩個字都不是正面意義，子囊最後提出：「國君鎮撫南方蠻夷，建有功勳，又知道自己的過錯，應給予較好的諡號。」於是決議用「共」。在此之前，楚共王死不瞑目，說也奇怪，諡號決定後，共王的眼睛就閉上了。

子囊去世前，預感吳國必將成為揹背之患，遺言修築郢都城牆，但因楚共王諸子爭位內亂而被忽略。

29. 晉楚停戰四十年——諸侯弭兵大會

自城濮之戰到鄢陵之戰將近六十年之間，晉楚兩個死對頭曾經一度弭兵（停戰），但未能維持多久就爆發了鄢陵之戰。鄢陵之戰後三十年，諸侯舉行了一次弭兵大會，那次和平協議之後，兩強有將近四十年沒有直接交兵，諸侯之間也有十多年未有戰事發生，是春秋時代難得的和平時期。

第一次弭兵的客觀條件是晉楚各有後顧之憂：晉國是厲公初即位，跟秦國結盟卻遭秦桓公背盟；楚國則是申公巫臣教導吳國車戰，吳國開始騷擾楚國東方。當時宋國右師華元跟楚國令尹子重和晉國正卿欒書都有私交，在兩強間穿梭斡旋促成了第一次諸侯弭兵會盟。晉國代表是士燮（八卿中反戰代表人物）、楚國代表是公子罷，地點在宋國都城西門外，和約載明：晉楚兩國不相攻擊，同好惡、同恤天災、攻守同盟，並一同擁護周王。這個和平協定只維持了四年，當各自的後患不再（晉敗秦、楚敗吳），就爆發了鄢陵之戰。

第二次弭兵的客觀條件是晉楚都因連年征戰而國力走下坡，當時晉悼公已經去世十二年，楚共王也去世十四年，繼位的晉平公和楚靈王都不是霸主之材。而宋國左師向戌（華元的繼任者）跟晉國正卿趙武、楚國令尹子木有私交，於是積極促成第二次諸侯弭兵。

向戌先去晉國對趙武試探意願，趙武召集諸大夫商議，韓起發言：「戰爭勞民傷財，諸小國尤其受害。向戌發起弭兵雖然不見得會成功，可是我們不能不同意。我們不同意，而楚國同意的話，楚國將得到諸侯支持，我們的盟主威信將受損。」於是晉國表示同意。向戌再去楚國，楚國也同意，然後向戌派人昭告各國，總共有十四個諸侯國的執政大夫參加，地點在宋國都城的東門外。

各國代表先後到達宋都，子木對向戌提出：請晉、楚之從交相見，意思是「晉楚各自的盟國必須向對方朝拜」。但是兩個集團各有一個次強國不接受，東方的齊國是晉國的盟國但不朝拜楚國，西方的秦國是楚國的盟國但不朝拜晉國。

盟會現場以藩籬相隔兩個陣營，雙方都不築壁壘，以示沒有敵意。晉大夫伯夙善於望氣，對趙武說：「我望見楚軍陣營上方氣氛甚惡，恐怕不懷好意。」趙武說：「（萬一有狀況）我左旋進入宋國西門，他能奈我何！」

子木下令楚軍「衷甲」（衣中著甲），伯州犁（晉國投誠楚國，鄢陵之戰時楚共王那位臨陣參謀）說：「諸侯都會看到，這樣不好吧？」請子木脫下內甲。子木說：「晉楚相互使詐又不是一天兩天的事情，但求達到目的而已，說什麼誠信？」

趙武得知楚軍衷甲，問大夫叔向意見，叔向說：「即使是匹夫，一旦失去信用都難以立足，何況在場都是諸侯的卿，他（子木）不可能得逞。如果他食言背信，就不成為你的對手。何況只要我們跟宋國一同守城，宋人肯定拚命，即使楚軍加一倍也抵擋得住。」[1]

弭兵盟會最後儀式是簽署和平協定，晉楚都搶著先簽（先簽的是盟主）。晉國說：「從來都是晉國先。」楚國說：「既然承認晉楚相匹敵，如果永遠晉國先，豈不是楚國永遠在後？」如此情況下，雙方如果繼續堅持，和平談判就破裂了，叔向勸趙武：「諸侯是歸服大國的德祉，不是歸服誰先簽署盟約，閣下務求於德，不必爭先。」於是讓楚國先簽署。但是，《春秋》對那次盟會卻記載「晉先盟」，《左傳》註釋說「因為晉國有誠信的緣故」，其實應該說是孔子著《春秋》偏心中原國家，事實上後來又有一次，吳王夫差跟晉定公會盟，事實是吳王先簽署，但《春秋》記載「晉先盟」。

宋平公盡東道主之誼，在會後設宴邀請晉楚兩國的大夫，讓趙武坐了首席，維持了和平氣氛，圓滿完成那次弭兵之會。

晉楚兩強休戰，諸侯列國免於戰爭之苦，各國享受和平紅利之餘，國家內部權力鬥爭也開始熾烈，春秋時代也由中期漸漸進入後期。但在過場換幕之前，先要將除了晉楚兩國之外的三個重要國家情況作一番補充說明。下章分解。

外交奇才聞過則喜——宋國向戌

幾近奇蹟似的晉楚弭兵為什麼由宋國促成？因為晉國跟周王室同姓姬，楚國則打從頭就不服周王室，而宋國是商朝微子的後代，不是周王室同姓，立場上有其超然性，但最重要的是有華元和向戌兩位傑出外交家。

華元前文已述，向戌成為左師是華元（平定一次內亂後）提拔，同時繼承了華元的晉楚人脈，終能不負華元的慧眼。

①作者註：轉入宋國都城以抗楚，等於綁架宋國人保家衛國。

向戍促成弭兵建立大功，宋平公賞賜他六十個城邑，向戍拿著這份厚重賞賜的文書向另一位執政大夫子罕炫耀。子罕當場訓他（大意）：「兵威才是諸侯之間維持和平的力量，你舉辦了一場弭兵大會，以為可以從此天下和平了嗎？你的罪過大了，將來能不被追究已經萬幸，還敢請求封賞！」將賞賜文書撕掉扔在地上。

子罕的意思用今天的語言就是，維持和平靠相互嚇阻達到平衡，不靠和平協議。向戍聽懂了，於是向國君辭謝封邑。向氏族人當然對子罕極度火大，請求攻打子罕，向戍對族人說：「我犯了大錯，子罕糾正我，才能保我們家族不滅，你們千萬不要造次。」

司馬遷的獨家報導——趙氏孤兒

晉楚第二次弭兵的關鍵人物是晉國正卿中軍帥趙武。

趙武接掌正卿後，下令減輕諸侯對晉國的貢賦，他在接見魯國大夫叔孫豹時，又說了一句「自今以往，兵其少弭矣」。風聲一出，向戍才動念促成弭兵大會，叔向也才敢勸趙武讓子玉先簽署盟約。

趙武就是戲劇〈趙氏孤兒〉那個孤兒：

晉景公時屠岸賈擔任司寇，追究弒殺晉靈公的罪犯，趙盾的兒子趙朔與位居要津的趙同、趙括、趙嬰齊一同被殺，趙氏滅族。

趙朔的妻子是晉成公的姊姊（景公的姑媽），當時懷著身孕逃到宮中躲藏，在宮中生下趙武。跋扈的屠岸賈入宮搜拿，媽媽將嬰兒藏在絝中，小趙武竟然能夠不出聲，逃過一劫。趙朔的門客公孫杵臼與程嬰認為，屠岸賈不會就此罷手，於是密謀由公孫杵臼帶著程嬰剛出生的兒子藏匿山中，而程嬰則出面告發公孫杵臼藏匿趙氏孤兒，屠岸賈發兵搜山，殺了公孫杵臼和嬰兒，真的趙氏孤兒則由程嬰撫養長大。

待得孤兒成人，當時的正卿韓厥才向景公報告，趙氏還有遺孤存在，景公命韓厥將孤兒秘密帶進宮中，藉諸將進宮問候病情時（景公病入膏肓那次），當眾讓趙武亮相，並宣佈趙氏恢復公族與田邑。趙武向諸將一一行拜禮，諸將一同攻打屠岸賈，滅其族。

《左傳》並沒有屠岸賈的記載，以上劇情僅見於《史記．趙世家》，也就是說，後代劇本都源自司馬遷。

30. 兩大之間難為小——夾縫中的宋國

自宋襄公企圖稱霸未果之後，宋國仍維持一個有實力的次級強國，旁邊的陳國和蔡國一向是宋國的跟班。和宋國處境相似的是鄭國，同樣一度稱霸（鄭莊公），因此也成為楚國北進的必爭之地，兩國都成為晉楚爭霸的夾心餅乾。更因為晉楚兩強都刻意保留自己的實力，總是命令宋國或鄭國先出兵，有人統計《春秋》記載的戰爭，鄭國參戰七十二次、宋國參戰四十六次，可以想見這兩國夾在晉楚兩個老大之間，扮演馬前卒角色的無奈。

鄭國跟宋國曾經相當友好：宋襄公逝世隔年，宋國跟楚國議和，宋成公去楚國朝見楚成王，歸途經過鄭國，鄭文公問執政卿皇武子該用什麼禮數接待宋成公，皇武子說：「宋國是前朝（商）的後代，對周朝來說是客人。周天子祭祀宗廟，要送給宋國國君祭肉；周王室有了喪事，宋國國君去王畿弔唁，周天子是要答拜的。我們應該豐盛的招待宋公（宋國是公爵）。」鄭文公於是以超過諸侯相待的禮數款待宋成公，不因為宋國在泓之戰落敗且臣服蠻夷而打落水狗，相較於之前齊國攻打宋國，鄭國可說相當夠意思。

晉文公因尊王（幫周襄王維穩）而聲望升高，宋成公因為宋國曾經對晉文公展現過善意（宋襄公致贈公子重耳二十乘），於是背離楚國靠攏晉國。楚成王派令尹子玉和司馬子西率軍伐宋，隔年包圍宋國都城。宋國派公孫固向晉國告急，晉國決定戰略「攻曹衛以減輕宋國壓力」，楚軍救衛失敗，可是子玉沒有放鬆對宋國的圍城，最後引發城濮之戰（第十八章）。

城濮之戰後，宋國基本上維持在晉國陣營，楚莊王復振國威後想要痛扁晉國一次，選擇了攻打搖擺的鄭國，晉軍馳援已經投降的鄭國而引發邲之戰，那次楚國大勝，因此楚莊王再攻宋時，晉國不敢出兵，卻派解揚去欺騙宋國，最後若非華元夜登子反之床而得講和，宋國搞不好就此滅亡。

以上簡述前事打個比方，晉楚兩個集團爭霸像是黑社會幫派爭地盤，拳頭硬的當老大，靠近老大旁邊的次強還可以仗勢凌人，欺負更弱小的國家。在黑社會裡，沒有哪個老大能容忍小弟叛變，老大如果不能懲罰叛變的小弟，老大就甭當了，地盤也拱手讓人了。

但老大不會輕易出手，多半是指使拳頭較硬的老二先出手——結果是宋國和鄭國出兵最多次，事實上晉楚主力對戰就那麼幾次，反而宋鄭對戰幾十次，兩國於是成為世仇。

簡單說，宋國因為是商朝後代，在諸侯國間有其超然地位，又有華元、向戌兩位傑出外交家，而能勉力維持。相對而言，鄭國比起宋國，立場搖擺可以牆頭草形容之，它的故事下章分解。

由於鄭莊公時期的強盛，鄭國君臣始終存有「再次偉大」的念頭，因此在齊桓公稱霸的初期，鄭國是不服的。

齊桓公第一次幫周襄王（當時還是太子鄭）「維穩」是首止之會，鄭文公參加了盟會，卻半途不告而去。鄭文公哪來的熊心豹子膽，敢扯齊桓公的後腿？背後原因是周王室的太宰孔寫信慫恿他背齊聯楚（太宰孔心向叔帶，叔帶事見第十三章），鄭文公也想削弱齊桓公，離開盟會跟楚成王暗通款曲。齊桓公組成六國聯軍討伐鄭國，楚成王發兵攻打許國（齊國的盟國），聯軍解鄭國之圍退兵。

隔年，齊桓公發兵伐鄭，鄭國大夫孔叔建議向齊國屈服求和，鄭文公說：「你讓我考慮一下。」孔叔說：「情況危急，國家朝不保夕，哪有拖延空間？」鄭文公在想什麼？想的是楚國會發兵來救，可是楚軍沒有來，因為鄭文公沒有請求救援——向齊桓公求和固然降低國格，向楚成王求援也是當小弟。最終形勢比人強，鄭文公不得不屈辱的殺了寵臣，向齊國低頭。

齊桓公為此舉行甯母之盟，鄭文公仍然有面子問題，自己不去，派太子（姬）華代表參加，太子華卻想要借齊桓公的力量幫他除去國內跋扈的貴族……長話短說，鄭文公後來殺了太子華，而鄭國貴族的強勢囂張成為傳統。鄭文公在位時間非常久（四十四年），他犯下的最大錯誤是對公子重耳不禮貌，也就是接連得罪了齊桓公、晉文公兩位中原霸主，更由於他立場搖擺、決策狐疑，奠下不良基礎，鄭國從他以後被晉楚兩強輪流攻擊——城濮之戰後曾經有十年內被兩強攻打十一次的紀錄。

文公逝世後，鄭穆公時發生三秦將偷襲鄭國不成，他的兒子鄭靈公因為不給子公吃黿羹而被弒（第三章），鄭國大夫想要推靈公的弟弟子良為君，子良不接受，推靈公另一位弟弟即位為鄭襄公。楚莊王伐鄭，鄭國都成被圍了三個月，鄭襄公肉袒牽羊向楚國求和，並因而引發了晉楚邲之戰（第二十二章），晉軍大敗，鄭國當時沒有選擇只能跟楚軍一同攻擊晉軍，所以晉國報復行動不敢攻楚而伐鄭。這段過程中有個重點，當楚軍圍城而晉軍遲遲不來時，子良說了一段話：「晉楚都不講信義只拚兵力，我們為什麼死守盟誓？」這話主導了鄭國夾在兩強之間的戰略，反覆跟晉、楚結盟，也因此被兩強輪流討伐。

傳到鄭成公，他曾經被送到楚國當人質，楚國令尹子反助他回國即位，所以他私下跟楚國結盟，而他去晉國朝拜時遭晉國扣留，鄭國大夫另立國君，晉國才放回鄭成公。成公因此背晉盟楚，引致晉軍攻打、楚軍來援，引發了晉楚鄢陵之戰。

到了鄭簡公時，大夫氏族間發生一連串武裝鬥爭，諸公子相互征伐，簡公誅殺了氏族鬥爭的最後勝利者子孔，任命子產為卿。這子產是位了不起的人物，鄭國在他執政之下，內政、外交居然奇蹟似的好了起來。

子產相鄭是春秋時代值得特別稱道的一段，到底有多好，下章分解。

賣國討好霸主卻丟了腦袋——申侯和太子華

主文中提及鄭文公殺了寵臣和太子，寵臣申侯和太子姬華都是因為想要討好齊桓公而丟了腦袋。

申侯原本是楚國大夫，備受楚文王寵信，但是因為他貪得無厭，結怨甚多，楚文王臨終前要他出逃外國。申侯路過鄭國，又得鄭厲公賞識與重用，鄭文公時仍為重臣。

齊桓公與楚成王達成召陵之盟（第十二章）班師回國，陳國大夫陳轅濤不希望大軍經過陳國（避免索求與騷擾），跟申侯商量建議齊桓公循東海回國，可是申侯卻向齊桓公打小報告：「那樣將使得齊軍容易受到夷人的攻擊。」齊桓公為此扣押陳轅濤（後來釋回），並將虎牢賞賜給申侯。首止之會鄭文公逃會，陳轅濤建議申侯在虎牢修築城牆，城築一半，陳轅濤對鄭文公說：「申侯有不臣之心。」鄭文公因而對申侯起了猜疑，後來殺了申侯，將首級送去齊國說：「聯合楚國都是申侯的主意。」齊桓公於是撤軍。

甯母之盟，鄭文公派太子華代表參加，太子華對齊桓公說：「鄭國的洩氏、孔氏、子人氏三族反對齊國最力，如果國君能夠除去這三族，則我將率鄭國效忠您，如同齊國的內臣一樣。」

齊桓公聽了很受用，可是管仲勸諫：「會合諸侯要秉持誠信且合乎周禮，兒子不違父命才是合禮，我們不宜壞了諸侯國際的誠信和禮義。鄭國雖然國君昏庸，但仍有叔詹、堵叔、師叔三位良臣輔政，我們不宜介入他國內政。」齊桓公採納管仲之言，回絕了太子華的請求，鄭國貴族因而向鄭文公施壓，文公頂不住壓力，殺了太子華。

32. 春秋時代最難為的良相——子產

子產執政時期的內政改革和外交自主，造就了鄭國在春秋中期的中興氣象，才能在晉楚兩強交相攻伐之下，維持中等強國的地位，而他最重要的貢獻是：國家定位。

鄭簡公即位第一年，鄭國大夫子國、子耳率軍攻蔡國得勝，大夫們都很高興。子國的兒子子產當時還年輕，對老爸發表異見：「小國不修文德卻有武功，乃國之大禍。如果楚國因此來攻（蔡是楚盟國，鄭伐蔡是求媚於晉），能不順服嗎？若順服楚國則晉軍必來，晉楚交相伐，鄭國不得安寧矣。」此話一出，遭老爸痛罵：「小孩子懂什麼！國家大事有正卿主持，小孩子亂說話小心殺頭！」

子產的「童言無忌」顯示他將鄭國定位為「小國」，這跟鄭國貴族從鄭莊公以來的沒落強國心態完全相左。而他對鄭國的國家定位，在他尚未擔任執政正卿之前，就已經展現：

子產隨簡公訪問楚國，訪問團在郢都城郊搭帳篷但不築壇。掌管舍營的官員說：「以往大夫輔佐國君出訪外國，沒有不築壇的。如今只搭帳篷有點簡陋，不大好吧！」子產說：「大國君臣去小國訪問要築壇，以宣揚大國的德行和國威；小國到大國訪問應該低調一些，搭帳篷就行了。」

然而，子產對大國並非一味低調，而是做準確的估計：楚國令尹子圍要公子黑肱和伯州犁在靠近鄭國邊境的三個地方築城，鄭國人對楚國這個動作感到戒懼，子產說：「沒事。那是令尹想要篡位，先除去兩個政敵的動作。危害不及鄭國，不必擔心。」後來果然公子圍弒兄自立為楚靈王，伯州犁被殺、公子黑肱逃到鄭國。

有一次鄭國邊城發生嚴重火災，子產將武器分發給城樓上的士兵。子太叔說：「會不會引起晉國誤會而來攻打我們。」子產說：「小國忘守則危，何況有災害？小國不受輕視就是因為有防備啊！」不久，晉國的邊防官吏果然前來問罪，子產對來者說：「敝邑發生災害，如果是在跟其他國家的邊境（暗示楚國），鄭國只能逃向晉國而已。既然已經事奉晉國，豈敢有二心？」

簡單說，子產對晉楚基本上不卑不亢，除了有備無患之外，他本人的外交辭令與手段非常高超。

鄭國戰勝陳國，子產到晉國，全副武裝報告戰事經過與結果。之前陳國侵犯鄭國（陳是楚的附庸國），鄭國向晉國請求出兵未獲准，因此晉國正卿趙武要大夫士弱質問子產：「陳國有什麼罪？」子產洋洋灑灑歷數鄭國對陳國的好、陳國如何忘恩負義，再訴求晉國去年不許鄭國出兵，以至於陳國再度進犯，鄭國反攻獲勝，才未讓同為姬姓的晉國蒙羞。士弱再問：「為什麼侵凌小國？」子產說：「當年周天子分封諸侯有制度規定，如今大國領土甚至數倍於王畿，如果不是侵凌小國，何至於此？（暗諷晉國）」士弱再問：「為什麼穿著軍裝來報告？」子產說：「當年城濮之役，（晉）文公命我（鄭）文公全副武裝保護周天子，我現在來呈獻戰利品，是不敢違背當年的命令。」士弱問不下去了，將經過報告趙武，趙武說：「他說理很順，說不過他，就接受（戰利品）吧！」

類似這樣的外交辭令《左傳》記載很多，孔子稱讚子產的德行之一就是外交辭令：「晉為伯（霸主），鄭入陳，非文辭不為功。」——若非子產能說理、有文采，可能獻了戰利品還要受責備（霸主得了便宜還擺威風的嘴臉）。

鄭國最大的問題一直是貴族跋扈，歷代國君大致上都受貴族的掣肘甚至被弒，前面講到的「食指大動、染指於鼎」成語典故就是一例。鄭簡公即位之初，貴族間相互攻伐幾近內戰，簡公誅殺了最後勝利者子孔，任命子產為正卿。子產於是大刀闊斧打擊政權，最大的動作是「封洫」，也就是土地改革。

在此之前，鄭國貴族佔田超過制度，「封」就是照規定劃清地界，超過制度的田地分給其他人；「洫」就是修渠道、公平分配灌溉水源。如此大動作一開始由於規則改變（例如田溝改道），令眾人感到不便，尤其特權階級大為反彈。他執政頭一年，眾人歌唱：「把我的衣冠沒收，把我的田地充公，誰要去殺子產，我就跟他一道。」然而，土地改革、興修水利畢竟是農業國家最重要的事情，等到各種好的成果顯現出來，眾人改唱：「我有子弟，子產教誨他；我有田地，子產讓它增殖。一旦子產死了，有誰能繼承這種善政呢？」

【原典精華】

（子產接任正卿）子產使都鄙有章①，上下有服②；田有封洫③，廬井有伍④。大人之忠儉⑤者從而與之⑥，泰侈⑦者因而斃之。

……

從政一年，輿人⑧誦之曰：「取我衣冠而褚之⑨，取我田疇而伍之。孰殺子產，吾其與之！」

及三年，又誦之曰：「我有子弟，子產誨之。我有田疇，子產殖之。子產而死，誰其嗣之？」

——《左傳．襄公三十年》

①都鄙有章：國都和其他城邑等級分明，不許大夫家逾越體制。

②上下有服：公卿大夫各有服色，照制度穿著。

③封：疆界。洫：溝渠。以田埂與溝渠劃定疆界，遏止特權侵佔。

④廬井有伍：廬舍與水井建伍相保，防止侵佔。

⑤忠儉：忠於國而儉於家。

⑥與：贊同。

⑦泰侈：同「汰侈」，奢侈浪費。

⑧輿人：眾人。

⑨褚：收起、藏起。子產不許衣冠逾制，貴族只得收起逾越階級的衣冠。

子產另一項打擊特權的政策是「丘賦」：依土地人口數量交納軍賦。過去享盡特權卻不盡義務的貴族必須按規定納賦，於是特權階級又創作歌謠咒詈他：「他的父親不得好死（子國死於兵變），他自己做蠍子的尾巴，（惡毒的）政令施行於全國，國家要怎麼辦？」鄭國大夫子寬向他反映輿情，子產說：「有什麼問題？只要對國家有利，個人死生置之度外。施行一樁好的政策，必須堅持到底，才能夠達到成功。百姓不可放縱，法度不可改變。我絕不動搖立場。」

然而，子產並非一意孤行的強硬派，甚至可說相當有政治手腕：鄭國最嚴重的一次兵變，造反的軍隊幾乎殺光了執政團隊（包括正卿子駟和子產的父親子國），並將鄭簡公劫持到北宮。子產得到其他貴族的支援，率軍隊攻打北宮，殲滅了叛軍。接替正卿的子孔打算專權獨攬，便製作盟書，規定官員各守其位，聽命執政法令，其他貴族不得干預朝政。原本掌握權力的大夫、卿的嫡子們都不肯順從，子孔想要誅殺不順服者，當時軍隊掌握在子產手中，子產若執行子孔的命令，他將成為執政團隊的實力人物。可是子產反而勸諫子孔說：「眾怒難犯，你一個人想要成事也很難。」最後說服子孔，在廣場燒毀盟書，安定人心穩住局面。

子產的諸般措施以今天的觀點看來，最好的有兩項：一是不毀鄉校，一是鑄刑書於鼎，前者是言論自由，後者是法治。

鄭國人聚集在鄉校（基層教育場所）評論時政，當然不免批評政府，子產擔任正卿，有官吏建議他將鄉校拆毀。子產說：「幹嘛？國人日出而作日入而息，閒暇之餘聚集評論執政好壞。他們認為好的，我就施行；他們認為不好的，我就改正；那是我的老師啊！又好比防治河川，倘若洪水決堤必定造成大患，救都來不及救，不如平時小小疏流，姑且留著（鄉校）當我的藥石吧！」

子產公布刑書（法典），將之鑄在銅鼎上，也就是任何人都不得違背。這個舉措在鄭國當時不成問題，因為貴族和人民對子產的施政都有信心且服從，可是對其他諸侯國卻是相當大的衝擊。晉國大夫叔向致書子產，對他這個舉措加以指責，子產回信說：「正如您所說。我沒有才能，不能考慮到子孫後世，我是用它來挽救當世的。」事實上，子產這個舉措影響後世甚深。

子產將一個內亂頻仍的鄭國治理成為一個公平繁榮的國家，讓備受晉楚兩強輪番侵凌的鄭國能夠和平而有尊嚴，著實是春秋時代最難為卻最有成就的一位宰相。他去世時，鄭國的老人像孩童一樣哭泣說：「子產離開我們死去了啊，老百姓將來依靠誰！」鄭國的男子捨棄玉佩，婦女捨棄綴珠的耳飾，在民巷中聚哭了三個月，娛樂的樂器都停了下來。孔子聞訊而泣，評價子產：「古之遺愛也。」

晉楚兩強對峙爭強時，夾在中間的宋、鄭處境已經敘述；另一個位在東方的大國齊國也有過一段中興氣象。下章分解。

33. 東方強國迴光返照——齊景公晚節不保

故事要從前面第二十一章的邊欄「太史簡／崔杼弒其君」說起。

齊莊公因崔杼擁立當上國君，即位後對崔杼專寵且倚重，君臣關係非同一般。莊公經常出入崔杼家中，崔杼的妻子棠姜非常美麗，莊公與之私通，才導致崔杼弒殺莊公，以上是前情。

崔杼與慶封立莊公的幼弟（姜）杵臼為齊景公，他倆一度聯手壟斷朝政，卻因為崔杼兩個兒子內訌演成反叛老爹，慶封藉平叛之名殺了崔杼的兒子和族人，崔杼心灰意冷終於自殺。

慶封獨攬朝政沒太久，即遭姜氏公族偷襲而流亡到吳國，但齊國卻陷入一長段貴族相征伐的內亂，直到齊景公十六年才告一段落，內政有國弱、外交有晏嬰、軍事有司馬穰苴等賢臣輔佐，齊國一時出現中興氣象。齊景公在位五十八年，齊國甚至一度成為諸侯反晉的領頭。

當時事隔諸侯第二次弭兵大會已經四十年左右，晉楚兩強對峙仍為常態，但兩強各自有內憂外患問題：晉國苦於六卿內鬥，楚國則數敗於吳國，年輕的齊景公懷抱「再次偉大」的雄心，肖想恢復齊桓公時的霸業。

楚平王初即位又逢內憂外患，晉昭公認為是再度樹立霸主威望的好機會，率領四千乘兵車進駐衛國，通知諸侯前來會盟（平丘之會），同時派大夫叔向晉謁周景王，希望得到周天子的背書。晉昭公與諸侯國君在平丘進行了三次大閱兵，總算讓諸侯都服貼了，但叔向和晏嬰都看到，已經有一部分諸侯對晉國存在二心，盟會上只是虛應故事。

齊景公開始步上霸主之路：先大軍壓境徐國，逼使徐國求和，相鄰的莒、郯兩小國識相的表態歸順，齊、徐、莒、郯四國舉行了一次會盟，盟主當然是齊景公，而晉國卻無反應——因為晉昭公猝逝，幼子晉頃公即位，六卿彼此有心結，缺乏團結共識而不能一致對外。齊景公再進軍莒國，莒共公兩度逃亡，晉國仍無反應。

隔年，衛國發生內亂，衛靈公逃到都城郊外，當時齊國使節剛好到了衛國，面對如此變局，派人回國請示該怎麼辦？齊景公指示：「只要衛靈公還在衛國境內，他就還是國君，我們必須以國君之禮對待。」

齊景公在衛靈公最困難的時候，仍然以禮相待，在諸侯中造成了良好影響（沽名釣譽仍然管用）。諸侯們認為齊景公是一個尊禮愛人的大國國君，因此大大地提高了他與晉楚分庭抗禮的國際聲望。再隔年，南方的吳國出兵侵犯中原宋國，齊景公認為這又是一次擴大影響力的好機會，於是便迅速出兵幫助宋國，齊宋聯軍很快打敗了吳軍。其結果是宋國對齊景公感激不盡。齊景公朝霸主夢又更進一步。

齊景公很有耐心，等了十一年，等到晉國犯下大錯：

蔡國一向是楚國的盟國，蔡昭侯訪問楚國，楚國令尹子常向他索賄不成，將他扣留在楚國三年，回國後憤而投靠晉國。晉國執政正卿范獻子認為那是對付楚國的好機會，於是發起十八國諸侯在昭陵會盟，共商伐楚大計。孰料范獻子的盟友中行文子也向蔡昭侯索賄（六卿傾軋之局，范氏和中行氏結盟），蔡昭侯不答應，中行文子因此勸范獻子：「不必為一個小小蔡國跟楚國起釁。」結果昭陵之會不了了之，諸侯也對晉國大失所望。

四年後，范獻子逝世，晉國六卿間的力量消長互見，齊景公動員大軍攻下晉國的夷儀，夷儀是晉國震懾東方的戰略要地，那一仗雖然戰果不大，但得到魯國、衛國、鄭國的聲援，四國就此形成反晉陣線。

三年後，四國同盟聯軍伐晉，剛好遇上晉國內部大亂：起因於趙氏內鬥，范氏與中行氏支持非主流趙稷，智氏、韓氏、魏氏支持主流趙簡子擊敗范氏和中行氏，晉定公命趙簡子負責「平亂」，范氏與中行氏則向齊景公求援，齊景公率四國聯軍攻向晉國，並以千乘軍糧援助困守朝歌的范氏和中行氏，但是軍糧被趙簡子攔截，雙方在鐵谷展開決戰，晉軍在趙簡子運籌帷幄之下重創反晉聯軍。

戰事拖延很久，長話短說。趙簡子的平叛戰爭打了八年，齊景公的反晉之戰打了六年，最終晉（趙簡子）勝齊敗，齊景公的霸主之夢破碎。已年入黃昏的齊景公心灰意冷，自覺不久於人世，卻做出了他最後一個錯誤決策：立寵妾生的幼子公子荼為太子，將太子託付給兩位大夫國夏和高張，給了野心家田乞機會。景公逝世後，田乞發動軍事政變，趕走國夏、高張，弒齊君（公子荼），立齊悼公。

田乞為什麼能夠政變成功，因為他在齊國的民間聲望超高，背景則是齊景公後期貪圖享樂、厚賦重刑。不僅生活奢侈、貪杯好色、好犬馬、大造宮室，甚至將百姓收入的三分之二供個人享用，致使民不聊生、怨聲載道。而大夫田乞則耍手段籠絡人心（大斗借出，小斗收進），田氏宗族日益強大。晏嬰很早就看出這種情況不對，曾勸諫齊景公，景公不聽，晏嬰甚至對晉國大夫叔向說「齊國政權終將歸於田氏」，結果一語成讖。

齊景公的霸業最重要功臣就是晏嬰，他繼國弱之後為上卿，執政表現突出，並留下很多足堪流傳的故事。下章分解。

不戰而屈人之兵的始祖——司馬穰苴

稱霸的必要條件是軍事力量，霸主沽名釣譽只是充分條件。齊景公的霸業當然是建立在齊國軍隊的戰力上面，而齊國成為軍事強國的關鍵人物是司馬穰苴。

齊景公尚未完全掌握朝政之前，有一次燕國聯合晉國攻打齊國，齊軍節節敗退，齊景公為軍事失利而憂心忡忡。晏嬰向景公推薦：「田氏族中有一個奇才田穰苴，此人雖然是偏房庶出，地位不高，可是他能得士眾之心，更能威懾敵人，國君不妨跟他談談。」

齊景公召見田穰苴，一談之下，大為欣賞，當場任命他為將軍。田穰苴對景公說：「我的地位卑微，國君一下子把我擢升為將軍，位在大夫之上，唯恐士卒還不服氣，希望國君能派一位素來親信的大臣擔任監軍。」景公答應他，派莊賈擔任監軍。

穰苴退朝後，跟莊賈約定：「明天正午在軍營門口會合。」隔天上午，穰苴先行到達軍營，布置好計時的表木（以日影計時）和水漏（以滴水計時），等待莊賈到來。

莊賈是景公寵臣，一向驕貴，以為自己是監軍，沒把跟田穰苴的約會放在心上；親戚朋友為他餞行，殷殷勸酒，一再挽留，莊賈喝得忘了時辰。正午到了，表木已經無影，莊賈也不見人影。田穰苴將表木放倒、水漏放乾，進入軍營，集合軍隊，申明軍法規定。一直到黃昏時分，莊賈才姍姍來遲。

穰苴問他：「為什麼約會遲到？」

莊賈說：「我的親戚和大夫們擺酒相送，一再挽留，盛情難卻，所以遲到。」

穰苴臉色一正，說：「將軍從接受命令那一天，就該忘了家庭；到了軍隊接受軍法約束，就該忘了親人；上了戰場親自擊鼓指揮，就該忘了自身安危。如今敵軍侵入國境，國內騷動，士卒暴露在戰場之上，國君寢不安席、食不甘味，百姓的身家性命都寄託於你，還搞什麼餞行？」

轉頭把軍法官召來，問：「軍法中『不能如期會合』該當何罪？」

軍法官說：「當斬。」

莊賈一聽此言，嚇壞了，趕緊派人飛馳報告景公求救。然而，田穰苴可不會等到國君的命令到來（那就不好處理了）。下令將莊賈處斬，並且將首級遍示三軍，三軍將士為之震慄。

等到景公的使節到來，車馬直接馳入軍營。穰苴對使者說：「將在軍，君命有所不受。」轉頭問軍法官：「在軍營內奔馳馬車，該當何罪？」

軍法官說：「當斬。」使者聽到，也嚇壞了。

穰苴說：「國君的使者是不能殺的（持節即代表國君親臨）。」於是，斬了使者的隨從，拆了車子左側的立木，砍了左邊拉車的馬，遍示三軍。然後讓使者回去覆命，部隊同時開拔。

晉軍打探到齊軍的軍紀嚴明、士氣高昂，自動撤軍回國；燕軍聽說晉軍撤退，也渡過黃河回到燕國境內。田穰苴把握機會，縱兵追擊，收復了之前的全部失土——這是歷史上「不戰而屈人之兵」的最早記載。

大軍凱旋班師，齊景公召見田穰苴，拜他為大司馬，田氏自此在齊國日漸受到尊重（穰苴是庶出，受益的是族長田乞）。

齊國巨室鮑氏、高氏、國氏忌憚田氏的勢力茁壯，就向景公進讒。景公免了田穰苴的大司馬職務，穰苴因此鬱悶病發而死。也就是說，景公後來的霸業，穰苴無緣參與。

田乞發動政變、弒君立君以後，齊國大權就到了田氏手中。到了戰國，田和篡位自立為齊威王，要大夫們將田穰苴的兵法整理成為「司馬穰苴兵法」（後世稱《司馬法》）。這部兵書後來湮沒殘缺，只有部分傳到後世，仍然列入「武經七書」之一，而田穰苴也被後人尊稱為「司馬穰苴」。

34. 最富傳奇的矮子宰相——晏嬰

晏嬰跟子產大約同一時代，他之於齊國也堪比子產之於鄭國，而晏嬰更留下了很多傳奇故事。先說他在齊國的事蹟：

崔杼弒齊莊公，晏嬰去崔杼家門口站著不走（齊莊公死在崔杼家中），隨從問他：「您要為國君殉死嗎？」晏嬰說：「只是我一個人的國君嗎？我為何要殉死？」隨從又問：「那麼，要出奔國外嗎？」晏嬰答：「我有犯罪嗎？為什麼出奔？」隨從再問：「那我們回家嗎？」

晏嬰說：「國君死了，能回到哪裡去呢？國君是民眾的君主，君主的職責是要主掌國家。臣子豈是為了俸祿？臣子的職責是要保護國家。所以，國君若是為國家社稷死就該隨他一同死，為國家社稷出奔就該隨他出奔。如果是為他自己死、為他自己逃亡，誰來擔國家社稷的責任呢？況且他人（崔杼）立了國君卻又將他殺死，我幹嘛隨他死呢？但是我又怎麼可以就此回家呢？」①

崔杼（承受晏嬰站在門口不走的壓力）命人開門，晏嬰進入，趴在莊公大腿上痛哭，頓足而出，人們認為崔杼一定會殺晏嬰，但崔杼說：「晏嬰得人心，不能殺他。」

慶封被驅逐（見前章）後，齊國爆發內戰，田氏和鮑氏聯合，跟欒氏、高氏開戰，高氏想要挾持齊景公，晏嬰穿著朝服站立在正殿門口，四族都向他喊話（爭取支持），晏嬰都無動於衷。齊景公召喚晏嬰進宮，晏嬰進入後，景公命大將王黑打起靈姑銔旗（齊國國君的軍旗）與欒、高氏交戰，欒、高氏戰敗逃亡國外，田、鮑氏瓜分了他們的封邑。

兩個事件說明了：晏嬰在齊國內部政治鬥爭時都不表態選邊，立場就是忠於社稷，因此而得人心，也因此各大家族都要爭取他的支持。然而他並非不會用權術，相反的，他流傳後世的「二桃殺三士」故事就滿滿的權術味道：

齊景公全盛時期，國家風氣尚武，有三位勇士公孫接、田開疆、古冶子，都有徒手搏虎的勇力，瞧不起晏嬰個子矮小，態度傲慢。晏嬰對景公說：「英明的君主養勇力之士，

①作者註：以上對話顯示，晏嬰對社稷／國君／臣子的定位已經跟周禮不同。

必須讓他們懂得上尊下卑。可是這三位上無君臣之義，下無長率之倫，恐怕成為尾大不掉的禍患，我看還是除去的好。」

景公同意晏嬰的話，可是顧忌三人勇力，對晏嬰說：「此三子者，搏之恐不得，刺之恐不中也。」意思是，殺不掉反受其殃。但晏嬰徵得景公同意，允許他用計而行。

晏嬰要景公賞賜三位勇士兩粒桃子，並請他們「計功而食桃」——比一比誰的功勞大。

公孫接仰天長嘆說：「晏嬰這傢伙矮子矮一肚子拐。我們共有三個人，卻只有兩個桃子，可是若不說一下，好像我的功勞不足道似的。我隨國君出獵，曾經一次力搏野豬，又兩度徒手跟哺乳的母虎搏鬥。如此功勞當然可以獨吃一個桃子，而不用和別人分享。」說完，就拿起了一個桃子站起身來。

田開疆接着說：「我隨國君出征，披堅執銳，兩次擊退敵軍。如此功勞，也足夠獨吃一個桃子而不用和別人分享。」說完，也拿起一個桃子站起身來。

古冶子說：「我隨國君渡河，河裡躍出一隻黿，咬住國君車駕左邊那匹馬，拖到河道中流，說時遲那時快，我躍入河中潛到水裡跟大黿搏鬥，逆流百步，又順流九里，終於將牠殺死。我左手握着馬的尾巴，右手提着大黿的頭，像鶴一般躍出水面。渡口上的人都驚呼：『河伯出現了』，定睛凝神才看清楚是黿的頭。如此功勞當然夠格單獨吃一個桃子，你們兩人為什麼不把桃子交給我！」古治子說完，抽出寶劍，站起身來。

公孫接和田開疆說：「我們的勇敢比不上您，功勞也及不上您，卻在您之前拿起桃子而毫不謙讓，這是貪婪；貪婪而恬不知恥地活着，還有什麼勇敢可言？」於是他們兩人都交出了桃子，然後刎頸自殺。

古治子見狀說：「他們兩個都死了，獨我活着，是不仁；用語言羞辱別人、吹捧自己，是不義；悔恨自己的言行卻又不死，是無勇。」自覺羞慚之下，他放下桃子，也刎頸自殺。

就這樣，晏嬰除掉了三名跋扈的勇士，然而，晏嬰的智謀與口才不是只用於國內政敵，他更為膾炙人口的故事是出使楚國：

楚國故意要折辱晏嬰，當他到達楚國郢都城外，接待官員不讓他走大門，要他走旁邊的小門。晏嬰停下腳步說：「出使狗國才從狗門進城，我是出使楚國，不該從狗門進入。」楚國接待官員自取其辱，只好請他走大門進城。

見到楚靈王，靈王問：「齊國沒人了嗎？怎麼派你來？」晏嬰說：「臨菑城有三百閭人家（一閭二十五戶，三百閭共七千五百戶），街上人群一同舉起衣袖可以遮天蔽日，一齊揮汗如同下雨，行人摩肩繼踵，怎麼會沒有人？」楚王：「人那麼多，怎麼派你來呢？」

晏嬰：「齊王量才器使，賢者出使國君賢明的國家，不肖者出使國君不肖的國家。我在齊國最不肖，所以派我出使楚國。」

楚靈王擺酒宴請晏嬰，喝得正高興，堂下有官吏牽著一個綁著的人走過，楚王問：「那是什麼人啊？」近侍回答：「他是齊國人，犯了竊盜罪被捕。」靈王瞅著眼問晏嬰：「齊國人都是小偷嗎？」晏嬰站起來，離開座位說：「我聽說，橘子長在淮河以南是橘，長在淮河以北就成了枳，葉子雖然相似，果實味道不同。齊國人在齊國不偷竊，到了楚國卻成了小偷，莫非是楚國的水土改變了他嗎？」楚王笑著說：「聖人是不能開他玩笑的啊！寡人自取其辱了。」②

「晏子使楚」的故事不見於《左傳》，取自《晏子春秋》，因為故事實在太精彩了，更充分顯現當時強國君主對弱國使者的嘴臉，所以將之納入本書，而且唯有晏嬰這樣的機智、口才，方能面對楚王而不受折辱。

②作者註：枳和橘在分類上同科同屬，枳果小味酸不可食。

過場二　中期進入後期

晉楚兩強爭霸的遊戲近似黑幫爭地盤，夾在當中的小國只能依附老大，萬一遭到對方欺凌至少還有老大會出面保護。可是晉、楚兩強總是保持自己的實力，讓鄭、宋等「老二」打第一線，是宋國發起兩次弭兵大會的動機，而弭兵能夠維持四十年，當然是諸侯（包括晉楚）厭戰心理有以致之。

不打仗肯定是好事，和平紅利隨之顯現，春秋時冶鐵技術漸漸普及，不製兵器就製農具、工具，農工產品增加當然就促進商業交易。然而，社會富庶了，官員貪污、特權攘奪一定會出現，這是古今中外皆然的鐵律。晉、楚兩國不打仗，統治階層開始矛頭對內，晉國的六卿巨室內鬥乃至相征伐；楚國的王室則政變頻仍，每一次廢立自然換一位令尹（擁立有功），也就是換一個執政團隊貪污。

當晉楚兩強因內部貪腐而走下坡，諸侯國對盟主開始離心，各國內部的君臣關係也起了很大變化——春秋中期開始進入後期。再次說明，本書將春秋時代分前中後期不是依照時序，而是看事情發生過程的諸侯國內政治與國際關係模式。例如，齊景公發動反晉戰爭，時序上晚於吳楚柏舉之戰，但事件的性質仍是晉楚爭霸的餘緒，因此置於中期。

春秋後期的周天子已經完全沒有角色，諸侯視周天子如無物，乃至晉、楚兩強乃至齊、魯、鄭等次強的巨室都凌駕國君之上，這個現象成為春秋後期的主要特徵。

這是基本倫理觀、價值觀的顛覆，因此國家觀念也漸漸削弱，前期、中期雖然也有士大夫投靠他國的例子，但總是心懷故國，只要有機會總是放下私怨回到故國。但到了後期，就出現伍子胥那樣，視國君為讎人並帶領敵國軍隊攻打祖國的例子。而孔子周遊列國、子貢穿梭外交更是戰國縱橫家的嚆矢。

35. 國君成了橡皮圖章——魯三桓分公室

魯國的「三桓」三個巨室瓜分了魯國國君的稅收，可以視為春秋後期的典型代表，也就是君臣關係完全顛覆。事件發生的時間在子產、晏嬰執政之前，但不歸入中期，因為前中後期的分段本來就不是採用明確的時間界線。事實上，魯國的三桓問題是冰凍三尺非一日之寒。

魯國是周公的後代，爵位是五爵等中最高等公爵，放在齊國旁邊，打一開始就有制衡齊國的用意——要靠姜太公鎮守東方，又擔心他太強大。所以，魯國在西周時是最重要諸侯之一，春秋初期也是強國之一，直到齊桓公稱霸，且以尊王為號召，魯國沒有反對齊國的口實。晉文公稱霸之後，魯國跟晉國同姓姬，始終支持晉國對抗楚國，又靠晉國壓制齊國。

三桓都是魯桓公的兒子，因而稱三桓。魯桓公是羽父弒隱公所立，他本人由於夫人文姜與齊襄公私通而被齊襄公命人殺死。他有四個兒子，嫡長子繼位為魯莊公，齊國內亂爭位錯押寶（支持子糾），被齊桓公打敗，後來長勺之戰打敗齊國（以上故事前面已述），三個弟弟慶父、季友、叔牙在莊公逝世後，爆發一番政爭（過程複雜繁瑣不細述），後來達到平衡，三家輪流擔任正卿成為傳統，卻自此形成長期壟斷魯國執政的三個巨室——季氏、孟氏、叔孫氏。

三桓中季氏實力最強，魯襄公在位時，季武子（季氏族長，姓姬名宿）對叔孫豹說：「我想要為魯國建立三軍，我們三家各負責一軍。」魯國是大諸侯，原本有三軍，後來國勢衰弱，稅賦無力支持，減為二軍。季武子所謂「各負責一軍」的意思，不只是各指揮一軍，也包括各自徵收全國三分之一的稅賦。

叔孫豹對他說：「很快就輪到你做正卿，你如果三分國家資源，將難以團結三家。」這道理猶如兄弟分產之後，就很難團結一致。可是季武子堅持要幹，叔孫豹說：「那麼，就集合三家舉行盟誓（公開透明以示團結）。」於是三家的重要人物齊集魯僖公的宗廟門口舉行盟誓，詛咒「不守約定者神鬼加禍之」。然後增加中軍——原本的二軍擴充為三軍，同時將全國戶口分成十二份，三桓得七份，魯襄公只得五份，國君不能完全掌控軍隊、財政大權也不能完全掌控，魯國的公室權力已經不如三桓。

魯襄公逝世，魯昭公即位，季武子得寸進尺，廢除中軍，然後將軍隊和戶口分成四份，三桓和公室各得四分之一——三桓得到更多稅收卻減少養兵支出，而公室更衰微了。

魯昭公不甘受三桓欺凌，覷得一個機會，展開反擊行動。

狀況起因於季平子（武子的繼承人）跟郈昭伯（魯國郈氏的族長）鬥雞，季平子在他的雞爪上裝甲，郈昭伯則以金屬綁在雞爪的距上，季平子鬥雞輸了不甘願，侵佔郈氏的土地擴張自家的住宅。郈昭伯當然很火季平子，另一個大家族臧氏捲進攪局，季平子扣押兩族大老，郈氏和臧氏向魯昭公告狀，而季平子的叔叔季公若想要奪取季氏的族長地位，慫恿魯昭公討伐季平子。

魯昭公發動自己的軍隊攻擊季平子，季平子被圍困在高台上，請求遷往沂水北岸，昭公不答應；請求移居費（季氏封邑），也不答應；請求給他五乘出亡國外，還是不答應。其他大家族出面調停，一律不答應，郈昭伯認定，一定要除掉季平子。

眼看季平子死定了，情況卻陡然翻轉：叔孫氏的族長叔孫婼說：「沒有季氏，就沒有叔孫氏。」發兵救季平子，擊敗魯昭公的軍隊，原本觀望的孟氏也殺了前來遊說的郈昭伯，三桓聯軍攻擊魯昭公，魯昭公逃往齊國，齊景公不收，逃往晉國，最後死在晉國，三桓立他的弟弟（姬）宋即位為魯定公。

三桓趕走國君擁立新君，就此維穩了嗎？不然。事實上他們的行徑起了很壞的示範，不久之後，季氏的家臣陽虎攬權，一度囚禁主君季桓子，還劫持魯定公、聯合叔孫氏攻打孟氏，叛亂失敗後逃亡晉國。

歷經鬥雞之變與陽虎之亂後，三桓的實力也逐漸衰弱，魯定公一度重用孔子，希望能夠恢復公卿之別、君臣之分，但孔子也不免被三桓驅逐的下場。

孔子的故事本書後頭有專章講述，這裡且按下不表。春秋後期君臣關係之所以較初期更進一步瓦解，各諸侯國昏君迭出也是重要因素。下章講楚國最糟糕的昏君。

「三不朽」出自他口——叔孫豹

主文中提醒季武子「三分軍隊與稅收，將影響團結」的叔孫豹，是魯國在那一段阢涅期間，贏得諸侯國際敬重的人物。他傳誦後世的言論是「三不朽」：

魯國派叔孫豹出使晉國，范宣子（本名士匄，晉國當時的上卿中軍帥）接待他，問：「古人所謂『死而不朽』是什麼情況？」

叔孫豹還沒回答，范宣子搶著說：「我們范氏祖先在大舜之前是陶唐氏（堯的後代），在夏朝是御龍氏，在商朝是豕韋氏，在周朝是唐杜氏，如今晉國是中原盟主，我范氏更擔任晉國執政，可以稱得上不朽了吧？」言下之意，當今天下唯我范氏為第一姓。

叔孫豹回答：「在我看來，那只是家族祿位傳世不息，談不上不朽。魯國先大夫臧文仲（第五章述及）去世了，他生前說的格言垂訓後世，那才稱得上不朽。以我的孤陋寡聞（自謙語），最高無上是立德，其次是立功，其次是立言，這三樣能夠歷久不廢，才稱得上不朽。如果只是保持祖先的姓氏不滅，宗廟祭祀世代不絕，那每個國家都有。你說的情形只是地位高、世祿大，還搆不上不朽。」

范宣子顯然自討沒趣，但叔孫豹並未因此被修理。這是春秋異於戰國的一點：只要有理，面對強勢者仍能振振有辭。

36. 搶兒子的老婆自己被鞭屍——楚平王昏淫

先大略說一下楚國自鄢陵之戰大敗於晉國之後的情況。

楚共王在鄢陵之戰被射瞎一目，雖力圖振作，無奈對手正處於晉悼公的全盛時期，他自責失去了老爹楚莊王的霸業，鬱鬱以終。

他沒有嫡子，五個庶子按長幼依次為公子昭、公子圍、公子比、公子黑肱和公子棄疾。他生前不知該立哪一個兒子，就想出一個請神明幫忙選擇的主意，將一方玉璧埋在祖廟的院子裡，私下說：「正對着玉璧下拜的，就是神明所立的。」讓五位公子齋戒後按長幼次序下拜。公子昭兩腳跨在玉璧上，公子圍的胳臂放在玉璧上，公子比、公子黑肱都離璧很遠，公子棄疾當時還小，由人抱著，兩次下拜都壓在璧紐上。但最後楚共王選擇了公子昭，立為太子，他死後太子昭即位，是為楚康王。

楚康王在位時達成諸侯弭兵，因而維持晉楚並霸局面達四十年，但他本人卻在弭兵之會隔年去世，死後兒子郟敖繼位，卻遭叔父公子圍弒殺，子圍自立為楚靈王。楚靈王沒有北方晉國的威脅，可是東方的世仇吳國卻正崛起，而且不斷地挑釁，兩國戰爭頻繁互有勝負。問題在於靈王好大喜功又耽於享樂不回都城，國人不堪稅賦與勞役，公子棄疾召回流亡在晉國的公子比，發動兵變攻進郢都，殺了靈王的兩個兒子，立公子比為王，楚靈王流落在外，最後餓死山中。公子棄疾不斷製造流言：「靈王即將回來。」恐嚇公子比說：「靈王回來，一定會殺你，你必須趕快做個決定。」公子比自己沒有軍隊，又不想再度流亡，於是自殺。公子棄疾順理成章登基，是為楚平王——共王的五個兒子至此全都當上了楚王。

楚平王用盡詐術奪得王位，即位之後致力於收攬人心（壞事都推說是公子比幹的）：息兵安民結好鄰國，楚靈王時兼併陳、蔡兩個忠實盟國，平王找到他們的後人讓他們復國，吳國趁楚國內亂入侵，平王說：「姑且讓他逞欲。」不動員征伐。

機關算盡眼看一切向好，卻壞在一個諂讒奸臣費無極手中。

平王為太子建（還是王位繼承人時應該姓熊，但後來叛逃，於是後世稱為羋建）選了兩位師傅：太傅伍奢是伍舉（前文勸諫楚莊王那位）的兒子，少傅就是費無極。平王派費無極去秦國為太子迎娶秦國公主，這位秦國公主非常漂亮，費無極趕在迎娶隊伍之前回到郢都，對楚平王說：「秦女太美了，您自己娶了吧，另外幫太子挑一個老婆。」楚平王居然聽進去了，自己娶了秦國公主，生了一個兒子。

太子建原本就不喜歡費無極，這下費無極更擔心了：一旦太子即位，他恐怕死無葬身之地，於是他日夜進讒陷害太子建。

他先出主意讓太子建離開郢都去駐守城父，城父位於方城山以南，也就是當年楚成王使者膽敢對齊桓公嗆聲的那個險要山區，而伍奢自然跟太子一同前往。然後費無極再對楚平王說：「太子怨恨大王搶了他的媳婦，跟伍奢密謀要割據方城山以外地方，自比宋、鄭（獨立國家），齊國、晉國都會幫助他，恐將成為楚國大患。」

平王將伍奢召來郢都，質問他跟太子謀反的陰謀，伍奢說：「大王已經錯了一次（父納子妻），奈何聽信外臣讒言而疏遠骨肉！」楚平王不聽，將伍奢下獄，派奮揚為城父司馬（接管軍隊），秘密命令他到了城父就誅殺太子建。①

奮揚未到城父，先派人通報太子，太子建逃奔宋國。奮揚自己綁縛去見楚平王，平王問：「命令出自我口，入於你耳，是誰告訴芊建的？」奮揚說：「我通知他的。大王曾經指示我『事奉建就如同事奉我一樣』，我奉行大王的前令，而不忍大王的後令，所以通報他出奔。」楚平王說：「你怎麼還敢來見我？」奮揚說：「已經違背命令一次了，若不來，是再犯君命，縱使逃亡，天下之大卻沒有我容身之地。」楚平王說：「回去吧！」讓他官復原職。

費無極又進讒：「伍奢有兩個兒子伍尚和伍員，能幹且有智謀，如果投奔敵國，將成後患。」平王派人召喚伍尚和伍員來郢都，誆說來了就赦免伍奢。

伍尚對弟弟說：「聽說可以赦免父親，不能不去；親人被殺，不能不報仇。我的智謀不及你，我只能陪父親一起死，你能報父兄之仇。你出奔吳國，我回去赴死，你要盡一切努力圖謀報仇，這比兩人都去送死來得好。」

①作者註：楚國王室姓羋，羋姓衍生荊楚十八氏，只有熊氏才能當楚王，伍氏是十八氏之一，費無極的費氏不在十八氏中，屬王室姻親，故伍奢說他是外臣。

【原典精華】

棠君①尚謂其弟員曰：「爾適②吳，我將歸死。吾知不逮③，我能死，爾能報。聞免父之命，不可以莫之奔也；親戚為戮，不可以莫之報也。……爾其勉之！相從④為愈⑤。」

——《左傳・伍尚勉弟報仇》

①棠君：伍尚位居棠邑大夫。
②適：前往。
③知：同「智」；不逮：不及，不如。
④相從：一同。
⑤為愈：比……好。

伍尚到了郢都，伍奢聽說伍員沒來，說：「楚國君臣必將寢食難安。」楚平王將伍奢和伍尚都殺了。伍員輾轉到了吳國，輔佐吳王闔閭富國強兵，說動闔閭興兵伐楚，故事在下章細述。

楚平王逝世，他跟秦國公主生的兒子熊珍即位為楚昭王，楚國貴族都怨恨費無極（楚平王寵信費無極專權，羋姓貴族對他不滿已久），昭王就殺了費無極。

楚昭王年幼，令尹子常柄權，霸凌盟國，將不答應他需索的蔡昭侯、唐成侯扣留在楚國三年，兩國大夫賄賂子常才放回，第三十三章說到晉國范獻子跟諸侯會盟聲討楚國，就是為了幫蔡昭侯討公道。

楚國國力其實已經不行，執政者卻恣意霸凌盟友，這給了吳國機會，吳王闔閭揮軍攻進郢都，楚國幾近亡國，幸賴楚昭王的母親娘家秦國出兵，吳王才撤軍回國。

吳軍攻進郢都時，伍員將楚平王的墳墓挖開，將楚平王拖出來鞭屍。楚平王昏淫聽讒，自己死後還遭鞭屍，楚國幾乎因此滅亡，楚成王、楚莊王建立的霸業就此結束，春秋諸侯自此進入晉國獨大局面，但沒能維持太久，因為吳國快速崛起。下章說吳王闔閭的霸業。

闇黑傳奇英雄——伍子胥

鞭屍楚平王的伍員字子胥，司馬遷的《史記》中為他專立一個列傳，這個「殊榮」包括子產、晏嬰都沒，不是他的功勳大過子產、晏嬰，而是司馬遷對他的評語：「怨毒之於人甚矣哉！……向令伍子胥從奢俱死，何異螻蟻？棄小義、雪大恥，名垂於後世，悲夫！」

司馬遷定位了伍子胥一生傳奇的動力來自「怨毒」，所以他是個闇黑英雄——殺父殺兄的仇恨讓他陷入黑暗深淵。司馬遷同時定義伍子胥的行為是「棄小義、雪大恥」，也確認他因而「名垂於後世」。但伍子胥為報私仇而引外兵滅祖國的行為，跟前面故事中「國、君」永遠置於「家」之上顯然大不同，而那正是春秋後期的君臣關係大變的另一個代表性例子。

伍子胥不去郢都赴死，最先目的地不是吳國，他去宋國找太子建。當時伍子胥還是楚王室成員思考：有朝一日太子建能夠得到外援回楚國登基的話，他還是有機會出任令尹的。畢竟，伍奢原本擔任太子太傅，伍子胥想當然曾經是楚國「太子黨」的當紅青年才俊。

由於宋國當時政情不穩，伍子胥建議太子建離開宋國，前往鄭國。鄭定公對太子建十分禮遇——一位極有希望的楚國王位競爭者流亡在鄭國，看起來這是一筆不錯的政治投資。可是太子建卻是個糊塗蛋，他為鄭國出使晉國時，晉頃公向他提議：「太子在鄭國既然受到禮遇與信任，如果能夠做為內應，幫助晉國滅了鄭國，寡人就將鄭國封給你。」晉國是超級強國，太子建當場不敢嚴拒，事實上那也是很難拒絕的誘惑。

回到鄭國，太子建將晉頃公的提議與伍子胥商量。伍子胥說：「這件事幹不得。鄭定公對我們既信任又禮遇，豈可忘恩負義，算計人家？」可是太子建已經進退維谷，他一方面答應了晉頃公，另一方面貪心蒙蔽了理性判斷，他對伍子胥的直言進諫很不開心，認為伍子胥既無禮又無膽，將他斥退。

看見太子建那副臉色，伍子胥心頭一涼：這種人，短視又無義，我老爹居然為他而死！伍子胥研判，太子建必定失敗，失敗了必定連累到自己，可是他不能去告狀，告狀也不會得到鄭國信任。所以，私下積極準備逃亡。事機果然洩漏，鄭定公下令逮捕太子建處死，伍子胥因早有準備而逃出鄭國。

逃往哪裡？伍子胥沒有太多選擇：楚平王懸賞要他的人頭、鄭國要抓他、晉國去不得，他選擇了吳國，雖然吳國偏處東南，但跟楚國是世仇，他在那裡的機會比在中原國家好得多。

到吳國後，他看出一場政變即將發生，也準確選擇了勝利一方，擁立吳王闔閭，並推薦軍事天才孫武給吳王闔閭。終於，吳軍伐楚大勝攻進郢都。（這一段過程在下章詳述。）

吳軍大勝，但伍子胥心頭卻非常失落，因為兩個仇人楚平王與費無極都死了。他心中恨意難消，於是掘開平王之墓，挖出屍體，對著屍體抽三百鞭。然後左腳踩在平王腹上，右手持匕首挖出平王的眼睛，出言斥詈：「誰教你聽信讒言，殺我父親、兄弟？他們死得多麼冤枉啊！」

鞭屍還不夠，伍子胥更教吳王闔閭占有了楚昭王的妻子，自己和吳軍將領則占有了子常等楚國將領的妻子——仇人是楚平王，卻辱及他的兒媳乃至為國作戰將領的妻子，伍子胥的仇恨已讓他陷入黑暗深淵，所以稱他闇黑英雄。

伍子胥的故事並未到此結束，他輔佐吳王闔閭建立霸業，又因觸怒吳王夫差而被賜死，可說一生牽動吳國國運，我們繼續看下去。

37. 從被髮文身到稱霸南方——吳王闔閭霸業

吳王闔閭的王位是刺殺堂兄吳王僚得來，但卻不是奪嫡，史家甚至不盡然寫他是弒君，他本人更理直氣壯認為自己才是正統。事情相當曲折，得從頭說起。

周文王姬昌的祖父古公亶父有三個兒子，老大叫（姬）太伯，老二叫仲雍，小兒子叫季歷。季歷的兒子就是後來的周文王姬昌，古公亶父始終認定「將來光大門楣的一定是姬昌」，所以一心想要將國家傳給小姬昌。太伯、仲雍明白老爹的心意，就以「幫老爹去衡山採藥治病」為理由，去到長江南邊的荊蠻地區。被髮文身（披散頭髮、身繪花紋）穿上少數民族的衣服，以示自己不再適合在宗廟主持祭祀，擺明讓位給小弟季歷。兩兄弟得到荊蠻地區人民的愛戴，數年之間，人民殷實富足，且由於商朝後期中原諸侯相互爭戰，太伯為保衛人民，在吳地（今江蘇蘇州市）建了城郭，有了國家型態。

古公亶父病重，臨終囑咐季歷「將國家讓給太伯」。古公逝世，太伯、仲雍回國奔喪，季歷要太伯繼位，太伯「三讓而不受」。於是季歷臨朝主持國政，太伯與仲雍仍回到吳地。周武王伐紂建立周朝後，封太伯與仲雍的後代為吳侯，傳到春秋時，仲雍的第十九世孫壽夢稱吳王。前文說到的，申公巫臣去吳國教吳人車戰就是壽夢在位時，吳國自那時開始有實力對抗楚國，稱王正可以展現輸人不輸陣。

吳王壽夢有四個兒子，長子諸樊、次子餘祭、三子餘昧、幼子季札。壽夢特別喜歡季札，因為季札醉心於禮樂，非但不像「蠻夷」，甚至令中原諸侯的大夫之家也相形見絀。壽夢認為季札可以帶領吳國跳脫「蠻夷之邦」，所以，他臨終時曾有意立季札為太子。壽夢逝世後，三位兄長推讓王位給小弟，季札卻堅持不肯即位，於是長子諸樊在制度和父命之間折衷「攝行國事」，並且言明：之後兄終弟及，最後傳位給季札。

於是吳王的王位由老大諸樊傳老二餘祭、餘祭傳老三餘昧，餘昧坐了四年王位後也死了。吳國貴族要立季札為君，季札說什麼也不接受，逃歸自己的封邑延陵，吳國貴族乃擁立餘昧的兒子（姬）州于為國君，是為吳王僚——這是太伯、仲雍傳下來的兄弟相讓「立國基因」，但也埋下了政變的火種。①

然而，諸樊的兒子公子光認為，如果季札不即位，應該輪回到老大的兒子，易言之，他才是正統。更由於公子光能幹能戰，立下許多軍功，特別是雞父之戰，公子光事前情報靈通、臨陣獻策出奇、作戰勇冠三軍，吳軍痛擊楚國和六個附庸國家的聯軍，從此兩國主被動易勢，公子光因而在吳國擁有高聲望，漸漸形成跟吳王僚分庭抗禮的氣候。

伍子胥到達吳國，對吳王僚說：「楚國已經不行了，你再派公子光出征，一定能夠破楚。」吳王僚徵詢公子光意見，公子光說：「伍子胥的父兄被楚王殺死，他只是想要報私仇而已，破楚還不到時候。」伍子胥察覺，公子光有異志，而且能力、格局都強過吳王僚，於是他遷到姑蘇城外居住（不引人注意），果然公子光派人來跟他聯絡，於是他加入公子光集團，並推薦一位高級刺客鱄設諸（《史記》稱專諸）給公子光。

楚平王逝世，楚昭王年幼即位，吳王僚趁人之危攻打楚國，這次不派公子光，改派他的兩個兒子領軍出征，卻被楚軍切斷後路。

大軍遭困在楚國，吳國內部空虛，公子光認為機不可失，告訴鱄設諸準備行動。鱄設

①作者註：《左傳》記載州于是諸樊的兒子，公子光是餘昧的兒子，與《史記》所記載正好顛倒。以情理研判應從《史記》。

諸說：「行刺吳王不是問題，可是我的母親年老、兒子年幼，沒有我，他們怎麼辦？」公子光說：「我就是你，我會對待他們跟你一樣。」

於是光子光設宴款待吳王僚，吳王僚特別加強警衛，衛兵從王宮門前一直排到公子光的家門口。筵席上，左右都是吳王僚的親信侍衛，坐者手執利劍、立者手執長戟，進獻食物者都脫光檢查，然後換裝進入，上菜者膝行而入將食物交給侍衛。

酒過三巡，公子光藉口「上次出征足部受傷，迄今傷口未癒，要入內換藥」而離席。此時，「烤魚高手」鱄設諸上菜了，一條香噴噴的烤魚，魚腹中藏著一支名劍「魚腸」（顧名思義是一支精巧的匕首），跪在王僚面前分剖魚肉。說時遲那時快，魚腸寶劍推向吳王僚的胸口。吳王的侍衛反應同樣快，好幾支利戟立刻刺進鱄設諸胸口，胸開骨斷。然而，匕首的去勢絲毫未受妨礙，穿過三層鐵甲，直透王僚後背。吳王僚當場死亡，吳王的侍衛當場殺了鱄設諸，公子光埋伏的甲士殺出，將王僚的親信、侍衛全部殺光——兵變成功，公子光自立為王，是為吳王闔閭，第一道命令就是封鱄設諸的兒子為卿。

吳王闔閭展現他的雄才大略：廣納外國人才，包括來自楚國的伍子胥、白喜，來自齊國的孫武；命伍子胥主持修建姑蘇大城；積聚糧食，充實兵庫。吳國兵精糧足之後，先討伐楚國的附庸徐國以試探反應，楚國根本沒反應，於是滅了徐國。

闔閭積極準備攻楚，楚國令尹子常又多行不義，接連霸凌蔡國和唐國兩個盟國的國君，諸侯國際同聲譴責，但楚國的主要對手晉國卻僅止於「聲討」。這是吳王闔閭展現盟主氣魄和稱霸實力的大好機會，於是他出兵伐楚。在孫武和伍子胥運籌帷幄之下，柏舉一戰擊潰楚軍主力，吳軍攻進郢都，楚昭王倉皇辭廟——楚國幾乎等於亡國，但是吳國後方卻發生了變故。

越王允常趁吳國內部空虛偷襲吳國，闔閭的弟弟夫概從楚國偷偷回到吳國自立為王。闔閭將楚國留給伍子胥和孫武，率領大軍回國擊敗夫概。同時間，楚國得到秦國援助，屢次擊敗境內吳軍，伍子胥見無法久戰，率領吳軍撤回。之後闔閭一再派出軍隊攘奪楚國土地，楚國原本的附庸國很多都依附吳國，吳王闔閭因此威震華夏。

越王允常逝世，兒子句踐即位，闔閭興兵伐越，兩軍在檇李會戰，越王句踐用怪招擊敗吳軍，闔閭在戰鬥中負傷，回到吳國後傷重身亡。

句踐用了什麼怪招能夠擊敗所向無敵的吳軍？闔閭逝世後吳國的霸業如何維持？下章分解。

折服華夏的蠻夷使節——季札

吳王餘昧逝世後，如果老四季札肯接王位，是否就不會發生後來的王位爭端和行刺政變？有可能，因為不但公子光沒了奪權藉口，季札的個人聲望極高，不只吳國人喜歡他，中原諸國也推崇他。

吳王餘祭時，派季札出使魯國，他請魯國為他演奏周樂（魯國是周公後代，保存周朝的禮樂相對完整），對詩樂提出非常精闢的見解，令魯國大夫為之折服；然後去到齊國，勸晏嬰交出封邑和政權，晏嬰聽了他的話，後來免於欒高之難（事見第三十四章）；到鄭國，跟子產一見如故，對子產說：「鄭國的執政大任一定會落在你身上，你務必以禮治國，不然鄭國將敗。」到衛國，跟諸公子交往說：「衛國很多君子，不會發生禍亂。」到晉國，見到三位執政卿趙武、韓起、魏鍾舒，預言將來晉國國祚將集于韓、趙、魏三家。簡單說，季札有學有識且眼光長遠，令中原主要國家的執政者都很推崇他，他做為使節，大大提高了吳國的國際地位。

季札最受後人傳頌的是「延陵掛劍」故事：

季札去魯國途中經過徐國，徐國國君看到季札的佩劍，非常喜歡，不好意思開口，只是愛不釋手。季札看出徐君的心意，但因為自己還要繼續北上，佩劍是當時士人重要的禮儀服飾，所以不能送給徐君，然而心裡已經默許。回程時再經過徐國，徐君已經去世。季札去到徐君墓前祭弔，然後解下佩劍，繫在墓旁樹上而離去。

季札的隨從說：「徐君已經死了，您的寶劍又送給誰呢？」（劍掛在樹上，誰曉得落入何人之手？）

季札說：「不是這樣的。之前我已經心許要送給徐君，怎能因為他死了，就違背當初的默許呢？」

季札的封邑在延陵，後人稱他延陵季子，前述佳話稱為「延陵掛劍」。

中國兵法鼻祖——孫武

孫武是齊國人，也就是《孫子兵法》的作者，是中國最偉大的兵法大師。

吳王接受伍子胥的推薦，召見孫武。孫武暢言他的兵法，每陳述一篇（今本《孫子兵法》共十三篇），吳王都不知不覺地擊節讚賞：「好！」乘著這樣的喜悅心情，闔閭問孫武：「你的兵法可以小規模的試驗一下嗎？」

孫武回答：「包括大王後宮的女子都可以訓練成為不敗雄師。」闔閭說：「好啊，那就小試一下吧！」

孫武說：「希望能以大王的兩位寵姬擔任這支娘子軍的隊長，兩人各領一隊。三百宮女都穿上鎧甲、戴上頭盔，手持劍與盾牌，列隊站好。」娘子軍列隊完成，孫武口授基本操練動作，要她們隨著鼓聲進退、左右轉，並且頒佈軍法：不遵照命令行動者，一律依照軍法制裁。然後下令：「擂鼓一通，全體立正；擂鼓二通，拿著兵器前進；擂鼓三通，擺出戰鬥姿勢。」聽到這裡，三百宮女都掩口而笑。孫武親自拿起鼓槌擊鼓，宮女仍然嘻笑而不動作。孫武三令五申，宮女們仍然笑個不停。

孫武赫然大怒，對身旁的軍法官說：「取鈇鑕來！」（「鈇鑕」音「夫治」，執行斬首之刑所用的斧和砧）軍法官：「不聽命令做動作，軍法規定的處罰是什麼？」軍法官說：「斬！」孫武於是下令將兩位隊長處斬，也就是要斬吳王的兩位寵姬。

吳王在閱兵臺上看見，急忙派出使者，對孫武說：「寡人已經瞭解將軍的用兵之法了（可以停止演練了）。寡人若沒有這兩名愛姬，食不甘味，人生無趣，請不要斬她們。」孫子說：「既然已經受命為將，將在軍，君命有所不受。」下令斬了兩名隊長。然後揮動鼓槌，三百宮女經此震懾，個個繃緊神經，照著鼓聲前進後退、左右轉，連眼睛都不敢眨一下。隊伍肅靜無聲，沒有人敢轉頭看別人。於是孫武向吳王報告：「軍隊已經訓練完成，恭請大王閱兵。這一支部隊，大王現在要她們赴湯蹈火，都沒有問題，甚至可以用她們平定天下。」

吳王心情大壞，寫在臉上，說：「寡人知道先生善於用兵了，雖然可以因此稱霸諸侯，可是寡人已經沒有心情閱兵了，先生解散部隊，回館舍休息吧！」

伍子胥向吳王進言：「我聽說，戰爭是凶險的事情，不可以空試。如果練兵而不做征伐誅殺，反而會傷及己身。如今大王有雄心壯志要稱霸諸侯，除了孫武這樣的將才，誰能率領吳軍跨越淮水、泗水（向北征伐，爭霸中原），跋涉千里作戰呢？」吳王闔閭聞言頓悟，雄心掩過了傷心，重用孫武為大將。

孫武攻楚一役堪稱用兵如神：

先由吳王闔閭領軍由南路指向楚國，卻半路駐軍不前，吸引楚國郢都衛戍部隊開往大別山；孫武與伍子胥領北路軍循淮河前進，放話要會合唐、蔡兩國軍隊後攻向郢都，將楚國北面方城山的國防軍主力（防備晉、齊）吸引到淮河。卻在半途捨舟登陸直指郢都，將沒有渡河工具的楚國山地國防軍「晾」在淮河北岸，無法及時趕赴郢都。楚國緊急調回已經駐紮在大別山的軍隊，而吳王闔閭的吳軍主力乃得以順利通過大別山隘道，對楚軍構成南北夾擊。最後兩軍在柏舉決戰，楚軍潰敗，吳軍攻入郢都。

史上哭功第一——申包胥

楚昭王出奔，楚國眼看亡國，全虧一個人——申包胥。

申氏是楚國羋姓十八氏之一，申包胥不忍見楚國就此滅亡，隻身前往秦國求救兵——楚昭王的母親是秦國公主。

但前往秦國是一段艱難路途，特別是對一個養尊處優慣了的貴族。通衢大道的關卡都有吳軍把守，他必須隱藏身份，也不能乘車以免引人注意，只得步行日夜趕路。走得腳趾和腳跟都裂開了，將衣服撕為布條，裹著腳繼續走。

到了秦國，秦哀公是個沉迷酒樂的逸樂之君，不接見申包胥。申包胥站在秦國的朝廷上「鶴倚而哭」——衣服破了，兩隻腳踝露在外，就像鶴一樣的靠在宮廷柱子上哭泣。連哭了七天七夜，終於打動了秦哀公，哀公說：「楚國有如此賢臣，吳國還能滅掉它。寡人朝廷沒有這樣的臣子，那不是隨時可亡國嗎？」於是秦國派出援兵。

楚國戰場這邊，闔閭回國平亂，伍子胥率占領軍留在楚國。楚軍統帥子期發動火攻，吳軍屢敗，伍子胥率吳軍撤回吳國，楚昭王回到郢都復國。

申包胥全靠眼淚讓楚國復國，堪稱史上第一哭。

38. 爭到盟主卻因而亡國——吳王夫差

吳王闔閭率百戰雄師討伐越國怎麼會敗呢？一個原因是輕敵，一個原因是句踐使出了一記怪招。

闔閭在敉平夫概之亂後，聽說越王允常去世，兒子句踐繼位。闔閭立即發兵伐越，兩軍在檇李對上。剛即位的越王勾踐面對能征慣戰的吳國軍隊，心知不可能憑實力與之對抗，必須出奇制勝。他將死罪犯人排成三行，走向陣前，每個人都用劍架在自己頸子上，派其中一人高聲呼叫：「兩國相戰，我等犯了軍法，不敢逃避制裁，但願死在吳軍陣前！」然後，一個一個走向前，用劍割頸，自刎而死！

吳軍身經百戰卻未曾見過如此場面，看得目瞪口呆，勾踐抓住這凍結的一刻，發動攻擊，打得吳軍一個措手不及。等吳軍回過神來，陣腳已亂，於是大敗。

【原典精華】

（句踐）使罪人三行，屬①劍於頸，而辭曰：「二君有治②，臣奸旗鼓③，不敏④於君之行前。不敢逃刑，敢歸死。」遂自剄也。師屬①之目，越子因而伐之，大敗之。

——《左傳．於越敗吳於檇李》

①音「主」，做動詞用，意為「連接」；師「屬」的「屬」做形容詞用，意為「注意」。

②治：治軍，開戰。

③奸：違背。旗鼓：軍令。

④不敏：不材，犯錯誤。

越國大夫姑浮用矛擲向闔閭，中左足，削掉了大拇趾，因而「俘獲」吳王的軍靴。吳軍一口氣奔逃七里，才停下來整頓，闔閭因流血過多而死。在嚥下最後一口氣之前，告訴太子夫差：「你一定要報這個仇。」

夫差日思夜想為闔閭報仇，派了一個專人站在庭前，只要夫差進出，就朗聲說：「夫差，你忘了越王殺你父親的仇了嗎？」夫差必定恭恭敬敬的回答：「啊，不敢忘記。」整軍經武，矢志報仇，三年後終於得遂。

【原典精華】

夫差使人立於庭，苟出入，必謂己曰：「夫差，而①忘越王之殺而夫②乎？」則對曰：「唯③，不敢忘。」三年，乃報越。

——《左傳・夫差不忘父仇》

①而：通「爾」。

②夫：通「父」。

③唯：語助詞。

越王勾踐知道吳王夫差積極想要報仇，因此想在對手準備尚未充分之前先下手為強，發兵進攻吳國。吳王夫差已經準備了三年，當即動員全國精銳部隊迎戰。兩軍在夫椒會戰，越軍大敗，勾踐帶領五千甲兵退守會稽山，山下被吳軍團團圍住。

句踐派大夫文種去吳營請求議和，文種「肉袒膝行」以示低姿態，並重金賄賂吳國太宰嚭，說服吳王夫差同意。伍子胥強烈諫諍，舉少康中興的例子警告：「從前過澆滅夏，少康有田一成、有眾一旅就能復興夏朝，如今吳國不比當年過澆大，而越國比少康大，絕對不能讓他有機會坐大。現在不徹底消滅越國，將來必定後悔莫及。」①可是夫差沒聽他的，同意越國求和。伍子胥退下後對人說：「越國十年生聚、十年教訓，二十年後吳國將成為池沼了嗎？（意謂國家滅亡城池荒廢。）」

當時的吳國國力達到顛峰，仍有相當軍隊駐在楚國境內，楚國但求自保，吳國西面無憂。齊景公逝世，幼子（姜）荼繼位，卻被大夫田乞聯合鮑氏發動兵變殺死，支持幼君

①作者註：少康的一個兒子是越國的祖先，所以伍子胥引少康為鑑戒。

的國、高、晏氏大夫逃到外國，田乞立傀儡齊悼公。吳王夫差認為有機可乘，想要北伐齊國，伍子胥勸諫：「齊國距離吳國很遠，只是癬疥之疾，越國才是吳國的腹心之患。越王句踐自己生活樸素，同時獎勵生產、撫慰傷痛，他無時不刻都想要攻吳報仇，您卻想北伐齊國，豈非大錯！」

夫差不聽，舉兵北伐，在艾陵大破齊兵後，在鄫邑跟魯哀公會盟，向魯國索取百牢（牛羊豬各一百頭），魯國認為那不合體制，吳國說：「你們魯國宴享晉國的大夫都超過十牢，獻給吳王百牢有何不可？」魯國雖然據周禮力爭，終不敵大軍壓境，獻上百牢。

三年後，吳國開鑿邗溝（連結長江淮河）運兵伐齊，全殲十萬齊兵，可是第三度伐齊卻遭到挫折。吳王夫差目標轉向晉國，跟晉定公在黃池會盟，互爭先盟（在盟書上先簽者為盟主）。

就在這個時候，越王句踐出兵突襲吳國，一路打進姑蘇城，俘虜了太子（姬）友和留守的大夫。姑蘇城防守戰期間，太子不斷派出使節到黃池報告戰況危急，夫差為了不讓諸侯知道吳國戰敗的消息，在帳中親手殺死七名使節。

到了歃血那天，吳、晉仍然相持不下。晉國說：「姬姓諸侯我們是伯（霸主）。」吳國說：「論周王室的起源，我們（始祖吳太伯）居長。」眼看太陽要下山了，晉國中軍帥趙鞅對司馬寅（參謀長）說：「歃盟到現在不能完成（晉君當不成盟主），這都是我倆的罪過，回去樹立旗鼓，我倆戰鬥至死，長幼（歃盟排位）就可以弄清楚了。」司馬說：「讓我再去觀察一下吳國情況。」回來說：「肉食者不會氣色灰暗，可是吳王卻氣色灰暗，是不是國內有難？且稍待看看。」結果終於讓晉國先盟。

以上是《春秋》的記載，《左傳》於是跟隨，但另一部記載春秋列國的國別史《國語．吳語》卻記載：吳王夫差以軍隊威懾晉國，結果「吳公先歃，晉侯亞之」——《國語》同樣是左丘明所著。

無論如何，夫差的盟主虛榮不能彌補後方的損失——回到姑蘇城，越軍雖然退去，但是國家殘破，只得派太宰嚭去跟越國講和。越王句踐同意議和，但仍秣馬厲兵，等了四年再次伐吳，笠澤一戰大敗吳軍。句踐並未繼續追擊，反而攻進楚國，藉此誤導吳王夫差，而此時的夫差雄心不再、鬥志全無，因而不防備越軍。三年後越軍再次伐吳，大軍勢如破竹包圍姑蘇城，吳軍困守年餘，城池終於崩落一角，眼看越軍將要進城，夫差帶著文武官員逃到姑胥山躲藏，七次派人去向句踐求和，都被拒絕。太宰嚭效法當年文種「肉袒膝行」到越軍求和，句踐開出條件：將吳王安置在甬東（今舟山群島），給三百戶百姓服侍吳王，直到老死。

夫差回話：「我老了，不能服侍大王了。」於是自盡而死。（夫差的死法，《左傳》說是自縊，《史記》說是自剄，《吳越春秋》更戲劇化：以衣袖蒙面自刎說：「我有何面目去見伍子胥？」）

吳王闔閭建立的霸權，就這樣曇花一現，到夫差結束。由於晉國巨室內戰、楚國元氣未復、齊國內憂不歇，越王句踐滅吳之後國力鼎盛，因此成為下一個霸主。

事實上，句踐的故事極富傳奇性與教育性，下章講述。

穿梭外交改變五國命運——子貢

吳王夫差爭到霸主卻丟了江山，錯誤的第一步是忽視越國、北伐齊國。而夫差錯誤的決策是因為有一個關鍵人物進行了一個重要的行動——子貢穿梭外交。

事情起因於齊國大夫田常（第三十三章提及的田乞之子）想要獨攬大權，可是忌憚齊國另外四個大家族（高、國、鮑、晏）實力仍強，於是想要藉討伐鄰國以掌握兵權，並藉戰功提高自己在國內的聲望地位。他的目標指向鄰近且軟弱的魯國。

孔子當時是魯國大司寇代理宰相，於是召集弟子問：「你們哪一位代我到各國去遊說，解除魯國的危機？」子路、子張、子石都自告奮勇，孔子卻認為他們都不適合。子貢請求前往，孔子認為他很適合，於是子貢開始穿梭外交。

子貢先去齊國見田常，對他說：「閣下曾經有三次將要受封了，結果卻都不成，原因是四大家族反對。如今你想要以打敗魯國來提高自己的地位，但此舉將徒勞無功。為什麼呢？因為，如果齊國打了勝仗，國君將更為驕橫，四大家族將更為囂張。這樣的話，你將無可避免的，上與國君生嫌隙，下與巨室起權力衝突，你的處境必危如累卵。我認為不如伐吳，吳國兵精糧足，能征慣戰，齊軍大概不是對手，必定敗陣。然後閣下徵用全國士兵，派大臣（四大家族）披上鎧甲出征，人民戰死在境外，巨室的勢力消耗。那時候，閣下在朝沒有強有力的對手，在野沒有百姓反抗，就能孤立國君、控制齊國了，不是嗎？」

田常說：「可是我的軍隊已經開到魯國城下了，如果不戰而退，會引起吳國的疑心，該怎麼辦？」子貢說：「請先按兵不動，讓我去南方遊說吳王，請他發兵救魯，閣下就可以明正言順與吳國開戰了。」田常答應將大軍暫時按兵不動，等待子貢去遊說吳王夫差。

子貢南下，見吳王夫差，說：「我聽說，王天下者不能與世無爭，而稱霸諸侯者不容許強敵產生。如今，擁有萬乘戰車的齊國想要併吞只有千乘的魯國，萬一齊國得逞，就擁有實力與吳國爭勝天下，我私下替大王憂心。事實上，出兵救魯可以為大王博得濟弱扶傾的名聲，討伐齊國可以為吳國帶來絕大利益。保全將亡的魯國、壓制暴虐的齊國、威懾強大的晉國，博得國際聲譽，就在此一舉，大王毋須再有所疑慮了。」

夫差接受子貢的說法，但仍顧慮越國成為後患。於是子貢再前往越國，對句踐說：「如今吳王志在伐齊攻晉、逐鹿中原。國君您應該捨得將越國的寶物送給他，應該以卑微的言辭對他表示恭敬，讓他完全消除後顧之慮。一旦吳國北上伐齊，齊國必定應戰。若吳國戰敗，那是你的福氣。若吳國戰勝，吳王志在中原，應該不會回師南向，而會移師朝向晉國。吳國的騎兵、銳卒、車馬、旌旗都在齊、晉消耗殆盡，國君你的機會才會出現。」句踐完全接受子貢的意見，向吳王夫差獻上鎧甲、寶劍，並提供三千軍隊隨夫差北伐。

夫差決定北伐後，子貢再去到晉國，對晉定公說：「吳國與齊國將要開戰，要是吳國不能取勝，越國一定會趁機作亂，國君可以無憂。但若是吳軍勝了，很可能會挾戰勝的餘威，將矛頭指向晉國，建議國君整頓武器，埋伏軍隊，等待他到來。」

子貢這一番穿梭外交，促成了吳國北伐、敗齊後與晉國爭霸、越國偷襲姑蘇終至吳國滅亡。因此，司馬遷在《史記》中評論，子貢這一次行動，改變了五個國家的命運。

【原典精華】

故子貢一出，存魯，亂齊，破吳，彊①晉而霸越。子貢一使，使勢相破②，十年之中，五國各有變。

——《史記．仲尼弟子列傳》

①彊：「強」的古字。

②使勢相破：打破既有的局勢。

39. 亡國、忍辱、復國、稱霸——越王句踐

吳王夫差沒有滅越，越王句踐卻滅了吳國，因為他倆完全不同：夫差有雄心卻無謀，句踐城府深且殘忍。

越國傳說是大禹的後代（姓姒），偏處東南海隅，被髮文身，周王封為子爵之國，一向是吳國的附庸，直到（姒）允常為國君時才強盛起來。吳王闔閭伐楚要越國出兵，允常拒絕，闔閭因此出兵「懲罰」越國後才伐楚，允常則乘吳國國內空虛而偷襲吳國。闔閭回國平亂後，聽說允常死了，就發兵攻越。

句踐方即位就得面對百戰雄師的吳軍，如果不是他使出那記教罪犯在陣前自割脖子的怪招，越國早就亡了，憑心而論，那一招確實有夠殘忍的。

句踐在投降吳國之後，曾經去給夫差當了三年奴僕，一國之君能夠為了復國如此忍辱，這忍功堪稱千古無人能比；夫差放他回國之後，他本人臥薪嘗膽，可以想見他會要求越國人民如何勤儉建國，亦即忍得下心看人民吃苦。

《墨子》有一則記載：句踐訓練軍隊時，故意放火燒船，同時下令擂鼓前進，越軍赴湯蹈火，死在水裡火裡的不計其數。墨子的年代距離句踐不遠，所述應該有所本，而他就以句踐做為驅民赴死以逞其志的代表。

動員攻打吳國，句踐的第一道命令：斬三個死罪犯人。同時昭告全軍：「不聽我命令的，這三人就是榜樣。」隔天，大軍移往城郊，越王第二道命令：斬三個有罪之人，再次重申：「不聽命令者，就是這樣。」第三天，大軍開至邊境，再斬三個死罪犯並重申：「不聽命令者，就是這樣。」大軍進入吳國境內，三天後到達檇李。這個地方，吳越曾經兩度大戰。句踐再下令：斬有罪者三人，並且昭告全軍：「凡是三心二意，不奮勇作戰者，就是這個下場。」

但句踐不是只有殺人立威，他同時宣佈：「凡是家中有父母、無兄弟者，來跟我說。我發動大軍征伐，使你們離開父母而奔赴國家急難，如果作戰期間，家中父母兄弟有生病者，我會像自己的父母兄弟一樣對待；如果不幸死亡，我會代為出殯、埋葬，如同我自己的親人一樣。」次日，又宣佈：「士兵如果生病了，不能上陣戰鬪，我將給他醫藥、給他糜粥，寡人將同他一道進食。」又次日，越軍在江邊駐紮，句踐巡視軍隊，再次申明軍法，並誅殺有罪者五人。同時昭告：「我愛士兵如同愛自己的兒子，但若犯了死罪，即使是我的兒子也不能赦免。」易言之，句踐的統御術恩威並濟，而且信賞必罰。

江北已經看到吳軍集結，越軍的軍法官巡行全軍，大聲宣佈：「隊長各自掌握手下的小隊長，小隊長各自掌握手下的士兵。士兵該歸隊而不歸隊，該待命而不待命，該進攻而不前進，該撤退而不後退，凡是不聽號令者，一律斬首。」越軍軍紀嚴肅，人人抱必死之心，小國寡民的越軍因此能戰勝百戰雄師的吳軍。

偷襲姑蘇成功，句踐自忖實力尚不足以戰勝從黃池爭盟回國的吳國，因此答應吳王夫差請求議和，卻殺了吳國太子——他料中了夫差的心境，由於爭盟主成功而志得意滿，卻因連年征戰而疲倦，殺太子並未激怒夫差，反而令他更覺得失去目標。同時將軍隊轉移方向攻楚，誤導夫差以為句踐跟他一樣想要爭霸諸侯，而鬆懈防備。事實上，句踐是以戰練兵，不讓軍隊鬆懈，將士因此七年不能回家，然後再度攻打姑蘇，滅了吳國。

滅吳之後，一干功臣都看出句踐會誅殺功臣，紛紛求去，只有最大功臣文種仍戀棧相國位置。句踐將文種召來，對他說：「先生當年對我提出『九術』，我只用了三術就打敗了吳國，還有六術仍留在你心中，麻煩你用這六術去輔佐先王吧。」什麼叫「輔佐先王」？先王已經在地下，當然就是要他死——賜文種一把「屬盧」寶劍，讓他自我了斷。

滅吳之後，句踐揮軍北上江淮一帶，與齊、晉等諸侯在徐州會盟，並向周王納貢。當時齊晉的國君實質上已經是他們國內巨室大夫的傀儡，周元王派人賜句踐胙肉，命他為「伯」——周王認證句踐的霸主地位，相較於夫差的盟主是諸侯會盟簽署高了一籌。

句踐是春秋最後一位霸主，他死後傳了幾代，越國陷入內戰，最後被楚國滅亡，而那時已經進入戰國時代。

戰國時代的特色之一是布衣卿相登場，仍然由貴族把持政權的國家都不免於滅亡。布衣卿相大致上都是縱橫之士，而縱橫家的鼻祖卻是儒家代表人物孔子。下章講孔子的故事。

中國第一位財神——陶朱公范蠡

句踐復國的第一功臣是文種，而文種是范蠡推薦：當初句踐想要先下手為強伐吳時，范蠡曾經勸阻，但句踐執意出兵。夫椒戰敗困守會稽，句踐一度想自殺，范蠡勸他放低姿態求和（其實是屈辱投降），句踐答應；句踐去吳國當吳王奴僕，范蠡陪同去吳國當「奴僕的侍從」。夫差放句踐回國，句踐要將大政交給范蠡，范蠡說：「練兵打仗的事情，我不如文種。」於是軍國大事通通交給文種。

滅吳之後，沒給功臣封邑，范蠡看出句踐完全不想跟功臣分享土地財富，不識相的話，可能連性命都不保。於是買棹遠航「出三江，入五湖」（傳說攜西施同行），並寫了一封信給文種，直白的說：「高鳥盡，良弓藏；狡兔死，走狗烹。越王的相貌『長頸鳥喙，鷹視狼步』，這種人只能共患難，不能共安樂，你不走，鐵定被殺。」可是文種戀棧權位不走，等到被賜死時，文種拿著屬盧劍，長歎說：「後悔不聽范蠡之言，這是我不聽勸告的報應吧。」

司馬遷的《史記》記載：范蠡改名換姓為陶朱公，到了齊國，經商致富，後來成為民間信仰的財神爺。

40. 周禮復興曇花一現——孔子相魯

孔子的曾祖父孔防叔是宋國孔父嘉的孫子，為逃避華氏追殺（事見第二章）到了魯國，後代乃成為魯國人。

孔子少年時就以聰穎聞名，曾經去周王畿向史官李耳（老子）「問禮」（學習周禮），因而在周禮繼承人的魯國備受期許。三桓之一的孟氏族長孟僖子在臨終時囑咐接班人孟懿子：「孔丘年少好禮，必成大器，我死後你要以他為師。」孟僖子死後，孟懿子和他的一位兄弟南宮敬叔都向孔子學禮。孔子終身以復興周禮為職志，但魯國當時實質上是季氏家臣陽虎當權，陽虎甚至想要驅逐三桓掌握魯國，自不容魯國走回頭路，因此刻意打壓提倡「君君臣臣父父子子」的孔子。

這裡簡單敘述陽虎的故事：季氏的勢力凌駕魯君，陽虎既然獨攬季氏家權，乃進一步囚禁季桓子，甚至想要殺掉三桓的嫡子，改立他屬意的庶子，就可以控制三桓進而獨攬魯國大政。季桓子用計逃脫，三桓聯手攻打陽虎，陽虎兵敗逃到齊國，對齊景公說：「請發兵伐魯，齊國只要三次加兵於魯，必定可以取得魯國。」齊景公有點動心，但齊國一位九十歲的大夫鮑文子勸諫景公：「陽虎當季氏家臣而圖謀季氏，如今齊國大於季氏，正是陽虎圖謀的目標。一旦齊國跟魯國開戰，齊國國力疲憊，大臣很多戰死，將是陽虎遂其詐謀的好機會。」齊景公聽進這番話，將陽虎拘禁，陽虎故意要求將他放逐到東邊，齊國於是將他放逐到西邊（為了不遂其意反而中計），陽虎找到機會脫逃，往西去到晉國。陽虎投靠晉國執政趙簡子，趙簡子精明英察，曉得陽虎雖詭詐但治事有能力，因此運用權術掌控陽虎，陽虎只能安分的輔佐趙簡子治理晉國，沒有在晉國生亂。

三桓經此劇變，實力大衰，魯定公有意重振公室，孔子當時已經五十歲，受命擔任中都宰一年而大治，其他邑宰都效法他的治理方法，於是魯定公擢升孔子為司空，再晉升為大司寇，並代行宰相職務。

魯定公和齊景公在夾谷會盟，孔子陪同，齊國大夫犁彌對齊景公說：「孔丘對周禮有研究，可是他不擅用兵，如果我們慫恿萊國（夷人，齊國附庸）軍隊挾持魯君，一定可以成功。」齊景公同意。孔子從容不迫的保護魯定公退卻，指揮魯軍攻擊萊軍，然後一番義正辭嚴對齊國說：「這不是與諸侯會盟應有的作為，於盟會祀神為不祥，論理則有害於義，以人事而言為失禮，不祥、不義、無禮，這一定不是齊君的本意。」齊景公聞言，下令撤去萊軍。

盟會要簽約了，齊國在盟書中加上，「如果齊國出兵而魯國不以三百乘會同，有如此盟（背信受詛咒）」，孔子派大夫茲無環向齊國提出，「如果不返還汶陽之地（先前遭齊國侵佔），卻單方面要求我國出兵，亦有如此盟」。盟會完成，齊景公表示要宴請魯定公，孔子知道對方懷詭詐，於是說了一堆周禮如何如何，結論是「免了吧」。最終，齊國歸還包括汶陽在內的三個城邑。

夾谷之會孔子保全了國家尊嚴，並且向強鄰討回國土，聲望陡升，於是跟魯定公計畫「隳三都」——毀掉三桓封邑的城。經過一番波折，長話短說，只毀了二都，未盡全功。之後為了齊國贈送女樂的事情，孔子勸諫不成，魯定公不敵季桓子軟功說辭而接受，並因此疏遠孔子，三桓趁機打針下藥，於是孔子被撤去相職，離開魯國，展開他周遊列國的行程。

孔子這一去就是十四年，季桓子去世，臨終對繼承人季康子說：「你擔任魯國執政，一定要召回仲尼。」可是魯國大夫公之魚對康子說：「先君以前用孔子不能始終，為諸侯笑，如今若召回孔丘卻仍不能始終，豈不是再招人笑？」季康子想想也對，他不可能接受魯國全盤恢復周禮，於是沒有徵召孔子回國，只召回孔子的學生冉求。等到孔子終於回到魯國，季康子向他問政，孔子說：「舉直錯諸枉，則枉者直。」意思是，獎勵正直貶抑偏差，那麼，行為偏差的人都會改為正直。」然而，季康子終究不能任用孔子，孔子也不求官職。①

孔子於是專心學術，刪詩書、作禮樂、整理周易，最重要的著作是《春秋》。《春秋》是魯史，孔子記載史實力求依照周禮標準，寓褒貶於文字，孟子說：「孔子成春秋而亂臣賊子懼」，就是指這個。

魯哀公出獵，叔孫氏的御者獵到一隻異獸，沒有人識得。孔子看了說：「這是麒麟啊！你為什麼來到此地呢？」《春秋》就寫到那一年為止，孔子則在兩年後去世。魯哀公發表一篇祭文稱讚孔子的諸多良言美行，感嘆「老天不留給魯國這樣一位長者輔佐魯國，徒留我一個人孤單在位」。子貢對此感嘆：「生前不能用他，死了卻長篇追誦，有什麼意義呢！」後來，魯哀公想要借越國之力除去三桓，卻遭三桓攻擊而流亡到越國，最終死在國外，魯國人立他的兒子為魯悼公，而《左傳》則記載到那一年為止。

周禮是周公訂定的制度，春秋時代則是周禮逐漸崩毀的過程。在這麼一個過程當中，孔子擔任魯國宰相，致力復興周禮，是時代大趨勢中的一次「反彈」（借用股市術語），卻已是最末段的反彈。當時的國際大勢是晉國獨大（吳越爭霸都只有曇花一現），而晉國的六卿凌駕國君之上，六卿欺凌盟國且需索無度，使得盟主威信逐漸剝落，下章敘述。

縱橫家先驅——孔子周遊列國

孔子輔佐魯定公墮三都，最後只墮了二都，恢復魯國「君君臣臣」的目標功虧一簣，最後在三桓壓力下下台。他懷著復興周禮的抱負投奔其他國家，希望能遇到明君得到支持，達成他的志願。最終他未能實現願望，卻因為周遊列國「沽之哉」（兜售所學），成為戰國時代縱橫家的先行者。

他先去到衛國，衛靈公給他在魯國的同等俸祿——魯國是中等諸侯，衛國算是小國，孔子在魯國領宰相俸祿，肯定比衛國所有大夫都高，想當然會受到嫉妒

①作者註：這一段《論語》記載有出入，因無關本文重點，不深究。

與排擠，於是離開衛國。之後輾轉到過陳、蔡、曹、宋、鄭、蒲、晉等國，其間三次到衛國，衛靈公雖然是跟孔子最談得來的國君，但他實在稱不上明君（孔子感嘆「吾未見好德如好色者」就是有感於衛靈公），孔子終究還是沒留在衛國。

行程中最艱困的一段是「困於陳蔡之間」。當時楚國發兵攻打陳國和蔡國，軍隊駐紮在城父，楚昭王聽說孔子在那裡，派人去聘請孔子。陳蔡兩國商量：「孔子有學問有才能，如果孔子去了楚國，我們的處境豈不更危險了？」於是派人將孔子師生一行圍困在野外，不供給食物，幾乎餓死。孔子派子貢去城父，楚昭王調兵前來迎接，才為孔子解圍。

然而，陳蔡兩國是過慮了，楚國貴族其實沒給孔子任何機會「染指」他們的權力。楚昭王得到孔子很高興，想要將一塊尚未登記戶口與地籍的土地封給孔子，楚國令尹子西勸阻說：「孔子賢明，又有眾多弟子輔佐，得了七百里土地，恐怕會自己稱王，對楚國不利。」楚昭王於是打消念頭，不久之後昭王駕崩，孔子不能前往楚國，再轉回對他最友善的衛國。

孔子一心只想復興周禮，怎麼可能自己稱王？但楚昭王不知道。而當時諸侯國絕大多數還是同姓大夫執政，不太可能接受孔子那樣一個外國客卿，春秋時的諸侯國君也不可能像戰國的國君那樣，全盤接受外來人才的改革意見——孔子算是生不逢時吧。

但正因他周遊列國不得志，最終返回魯國教學著述，乃成為後世儒家祖師，只能說是縱橫家先驅而非始祖。

41. 盟主的光環消逝——晉國獨大諸侯離心

先簡述晉國六卿的由來：晉武公「小宗取代大宗」，晉獻公斬草除根將大宗的後代屠殺殆盡，所以晉國的巨室都是卿族（有別於其他諸侯多是公族）。輔佐晉文公的功臣後來把持晉國大政，基本上有十一個世族（氏），晉文公在位時曾設置五軍，每軍各置將、佐，也就是「五軍十卿」，由十一氏的族長依照「長逝次補」方式輪流。後來隨國勢消長與形勢需要，最多時擴至六軍十二卿，大多數時候維持三軍六卿。不論幾軍幾卿，長逝次補的制度始終維持，這造成諸卿族的集體意識，也是前章述及的「諸將讓功」以及幫助趙氏復興的背景。十一氏到後期只剩六氏，於是三軍六卿達到滿足，每家都有一卿，正卿仍依長逝次補制度輪流。

春秋時代雖說君臣關係發生變化，但變化是漸進的。舉一個例子，晉楚鄢陵之戰進行中，晉悼公的戰車陷入泥沼進退不得，中軍帥欒書下車走進泥沼，想要將國君移到他的車上。此時，悼公的車右欒鍼居然大喝一聲，一番義正辭嚴斥退欒書。欒書立刻退下，欒鍼跳下車來，憑一己之力舉起車輪，讓馬車駛出泥沼。

要點一、欒書是中軍帥，還是欒鍼的父親，被兒子喝斥而退，是尊從禮法；要點二、當時已經是春秋中期。也就是說，一直到春秋中期，晉國的君臣之分還是很嚴格，欒鍼的職位是車右，他完全只顧及國君尊嚴和自己職責，完全不考慮父親顏面，而欒書也不認為中軍帥的尊嚴受到傷害。

進入春秋後期，隨著楚國愈來愈不能跟晉國對抗，晉國獨大的結果，諸侯國開始討好晉國的正卿，而晉國正卿又是輪流做，漸漸的，晉國的六卿開始向小國索賄，小國則不敢拒絕。

在此之前，大國欺凌小國是國君對國君，例如齊襄公對魯桓公的「拉脅之禍」（第九章），而小國的宰相／執政大夫如果高明還能據理力爭，例如魯國的孔子和鄭國的子產。子產有一個故事頗具代表性：

晉國韓宣子有一只很珍貴的玉環，玉環原是一對，另一只為鄭國一位商人所有。韓宣子見鄭定公時，提出要求那只玉環，子產說：「那不是官府的財產，我們國君不能拿人民私產送人。」

兩位鄭國大夫勸子產：「韓宣子要的不多，且晉國得罪不起，韓宣子又是正卿，萬一出了什麼差錯，後悔都來不及，你為什麼不捨得一只玉環呢？」子產說：「我要以正道服事晉國，不給他是為了保全雙方忠信啊！如果一次又一次的答應他，不會有饜足的時候，最後我國將成為晉國的邊邑。」

韓宣子還是想要那只玉環，用威逼的手段欲以賤價向鄭國商人購買，商人說：「還是要告訴我們執政大夫才行。」韓宣子對子產說：「上次我要求那只玉環，你說不行，這次我向商人購買，商人說要你同意，所以我來請你同意。」子產說：「最初，我們鄭國的始祖鄭桓公和商人一同從周王畿遷來此地，一同開墾這片土地，闢草萊以共居，相約『商人不背叛鄭君，鄭君不強買商人貨物，商人有珍寶利市，鄭君不干預交易』，因此鄭君和商人能夠相保以至於今。您此次來訪是為了兩國和好，可是卻要求我國背棄固有盟誓，這樣不好吧？您如果得到寶玉卻失去諸侯之心，也不是您想要的吧？」韓宣子講不過子產，在辭別鄭國時致贈美玉和良馬給子產，感謝他「救自己一命」——沒有為遂私心而失諸侯之心。①

然而，鄭國幾百年才出一個子產，諸侯國更沒有幾個這樣的執政大夫。晉國像韓宣子那樣的行為想必多不勝舉，諸侯國想必愈來愈不堪其索也不勝其擾，於是漸漸對晉國這個盟主離心，而有第三十三章所述的反晉聯盟出現。其中反應最強烈的是衛國：

晉軍大軍壓境，要衛靈公到鄟澤會盟（逼和）。中軍帥趙簡子徵詢：「諸位大夫有誰敢去跟衛侯結盟？」（和平盟會沒有敢不敢的問題，這樣的問法顯示要使用非常手段）兩位大夫涉佗、成何自告奮勇前往，盟會進行中，衛國請他倆執牛耳，成何說：「衛國不過跟我們溫、原等級的城邑，哪還需要以諸侯看待？」將要歃血時，涉佗推開衛靈公的手，牛血往下淌到靈公手腕，衛靈公當然很生氣，大夫王孫賈打圓場才沒有當場撕破臉，算是完成了盟約。

衛靈公想要跟晉國決裂，對大夫們說：「晉國要求我和大夫們的兒子一起去晉國當人質。」大夫們群情憤慨卻不敢拒絕。要出發了，衛靈公集合國人，要王孫賈問他們：「如果衛國跟晉國決裂，晉國連續五次攻打我們，我們會怎樣？」國人咸表憤慨表示：「攻打我們五次，還可以戰！」衛國於是跟晉國斷交，晉國要求另行結盟（換約），衛國不答應。

①作者註：第十九章弦高的故事可為鄭君與鄭國商人默契的佐證。

中原諸侯反晉，南方霸主楚國的執政也逼反附庸小國：蔡昭侯到郢都朝覲，獻給楚昭王一件皮裘、一塊玉佩，兩位國君穿著相同見面，儀式完成後，令尹子常向蔡昭侯索討皮裘與玉佩，蔡昭侯不肯，就被扣留在楚國三年；唐成公去郢都朝覲，帶了兩匹肅爽馬，子常想要，唐成公不給，也被扣留三年。後來，唐國隨行臣子偷了肅爽馬送給子常，才「贖回」國君；蔡國大夫學樣，逼著蔡昭侯交出皮裘和玉佩獻給子常，君臣才得回國。蔡昭侯在渡過漢水時，將一塊玉投入漢水並發誓：「我如果再度渡過漢水，有如此玉！」意思是跟楚國永久決裂。②

總之，晉國的卿族世家輔佐公室建立百年霸業，卻在輪流執政的過程中蠶食了晉國的君權，更由於晉國和楚國由對峙到弭兵，兩強不打仗，只能欺凌己方盟友，於是盟主的光環變色、褪色，終至消逝。

春秋時代是諸侯爭霸的時代，爭霸在形式上是爭當盟主，實質意義則是盟主能夠維持國際秩序（保護盟友），一旦盟主的光環消逝，春秋時代也就要結束了。

②作者註：吳王闔閭伐楚，唐、蔡兩國跟吳國組成聯軍，就是因為這一段怨仇。

〈主戲落幕〉永別了，周天子

將春秋戰國列為東周，其實是史家為了紀年（正朔）方便，事實上，春秋還有周天子，進入戰國不久就沒了。周公制禮作樂訂下的制度，在平王東遷之後就難以維持，經過春秋時代，更由剝落而崩解，到戰國時代已經不復諸侯封建，而是列強個個稱王。事實上，南方的三個霸主楚、吳、越在春秋時代已經稱王，也就是目中已無周天子。

由本書敘事順序（稱霸的先後）又可看到一個趨勢：鄭莊公↓齊桓公↓宋襄公（圖霸）↓晉文公↓秦穆公↓楚莊王↓晉悼公↓吳王夫差↓越王句踐，重心由中原逐漸南移，楚、吳、越稱霸固然是實力主義，其代表意義卻是，周公訂下的制度已經無法維持，而華夏完全接納蠻夷：晉楚對等談判弭兵，子貢穿梭外交的主要對象是吳國，魯昭公尋求越國的外援，甚至孔子也願意去楚國一展抱負（他的抱負是復興周禮）——「天下」的觀念已經超越「華夏」擴及蠻夷。

這事實上是中華民族融合成長的一個過程，而融合的力量一個是文化，另一個是武力。前者的代表是，被髮文身的吳國能出現季札那樣的人物，甚至讓中原諸侯的士大夫為之欽羨；後者的代表則是次數數不清的戰爭。

春秋的霸主跟諸侯會盟通常是為了打仗組成聯軍，而會盟的號召起初是「尊王攘夷」，即使後來不喊攘夷了，仍經常為了幫周王室穩定政爭以換取周天子背書。除了尊王之外，盟主還必須「存亡繼絕，濟弱扶傾」以爭取諸侯國際向心。這樣的遊戲規則到戰國時代完全丟棄，戰國列強的戰爭目的是奪取土地人民，甚至滅人之國。

借用張大春的說法為本章結論：春秋人看著周天子的車駕，會說：「有為者亦不能若是也」，戰國人看著周天子的車駕，會說：「彼可取而代也」，春秋諸侯國相戰但名義上仍尊重周天子，戰國則周天子在實質上和精神上都不復存在。

〈尾聲①〉戰國時代開始——三家分晉

晉國的盟主威信剝落，但六卿的貪欲卻不稍輯，對外需索漸漸難以得逞，矛頭乃朝向內部，於是六卿之間的摩擦、衝突不斷，終至相互攻伐，也就是內戰。

導致六卿公開決裂的導火線是趙氏內亂。趙簡子擔任上卿，族人趙午處理衛國進貢（其實是被勒索）的五百家不當，那五百家居然落入齊國手中，趙簡子要殺趙午，趙午是中行氏族長中行寅的外甥，中行寅又跟范氏聯姻，於是趙午聯合中行氏與范氏攻打趙簡子。內戰形勢連番改變，先是趙簡子圍攻趙午的封邑，當中行、范氏聯軍攻擊趙簡子，趙簡子不敵，逃往根據地晉陽。聯軍聲勢浩大，中行氏與范式以為形勢大好，一度想要劫持晉定公獨攬晉國大政，結果引起知氏（有些史書稱智氏）與韓氏、魏氏的猜忌，三家簇擁晉定公打著平叛旗號攻擊聯軍，於是情勢再逆轉，中行氏與范氏逃往國外，而趙簡子重回執政正卿與中軍帥地位。

趙簡子死後，知伯接任正卿，他聯合趙、韓、魏三家要瓜分中行氏與范氏的土地，晉出公不能忍受四卿凌駕公家，亦圖聯合齊國和魯國討伐四卿，結果失敗出逃，在前往齊國的途中死亡。知伯立傀儡國君晉哀公，大政盡入知伯之手，於是他乾脆獨吞中行與范氏的土地，成為獨大局面。

知伯進一步侵削另外三家，先向韓康子索取土地，韓康子很憤怒，不想給，韓氏家臣段規說：「不能不給他。知伯正找不到理由攻打三家，不給，他必定來攻，給他，他必定向另外兩家索取，哪一家不給，將遭到他的攻擊。我們給他土地，避過災難靜待局勢變化。」韓康子接受這番進言，獻出一萬戶給知伯。

知伯轉向魏氏索取土地，魏桓子起初也不願給，魏氏家臣趙葭說：「韓康子給了，我們不給，將激怒知伯來攻，還是給他吧。」於是魏桓子也獻出一萬戶土地。

知伯再向趙襄子要求蔡、皐狼地方，趙襄子一口拒絕，知伯於是積極聯合韓、魏兩家準備攻趙，趙襄子曉得知伯必定來攻，回到晉陽加強守備，晉陽宮牆垣版築裡的荻、蒿等木質填材都拿出來製作箭矢，宮柱的銅都用來製作兵器。

三家軍隊圍攻晉陽，三個月攻不下來，知伯下令軍隊後撤，然後決開汾水灌淹晉陽城。眼看洪水水位日益高漲，距離城牆上緣只差三版（八尺為一版，一尺約當今天二十三公分，三版不到六公尺）。知伯與韓康子、魏桓子一同在高處觀戰，知伯得意之餘脫口說：「吾乃今知水可以亡人國也。」一聽此言，魏桓子用手肘頂韓康子的腰眼，韓康子用腳尖踢魏桓子的後跟，兩人心照不宣——韓氏的根據地平陽傍絳水，魏氏的根據地安邑傍汾水。

晉陽城內已經到了易子而食的慘況，趙襄子派謀臣張孟談趁夜進入韓、魏軍營，對韓康子和魏桓子說：「唇亡則齒寒，如今知伯攻趙，趙一旦滅亡，就輪到韓、魏了。」韓康子和魏桓子既然已經有危機意識，於是秘密約定日期時間，一同發起攻擊知伯。時間一到，韓魏兩軍反掘堤防，洪水灌向知軍，知軍大亂，三家從三個方向展開攻擊，知伯戰死，知氏的土地被韓趙魏三家瓜分。

從此之後，晉國三卿都凌駕晉君之上，晉哀公死後，繼位的晉幽公甚至倒過來朝拜韓趙魏三家，晉君只剩下絳都和曲沃兩城。必須仰賴晉國對抗楚國才能存在的周王室，終於不得不「賜」韓、趙、魏三家為諸侯，司馬光《資治通鑑》將那一年訂為戰國時代的開始。講到這裡，不能不佩服左丘明的遠見，《左傳》全書最後兩句：「知伯貪而愎，故韓魏反而喪之」。《左傳》記載到西元前四六八年止，晉陽之戰發生在十五年後，左丘明在截稿時將晉陽之戰加進《左傳》，意味著他預見這件事具有歷史意義。

事實上，晉陽之戰到周威烈王賜三家為諸侯，中間隔了五十年，三家滅晉又隔了二十四年。也就是說，春秋跟戰國不是後世改朝換代那樣「一刀切」，還要經過很多變化。

〈尾聲②〉易姓不易國——田氏代齊

春秋諸侯國基本上都是公族大夫執政，多數情形跟國君同一個父親或祖父，基本上都是同姓。晉國由於發生過小宗取代大宗，晉獻公將之前翼都時期的大宗後代幾乎殺光，因此晉國以後都是卿族，但卿族還是姓姬（不同氏），只有齊國的田氏例外。

田氏的祖先是陳國公子陳完，因為陳國內亂而逃到齊國。齊桓公收留陳完，最初是想拿他當介入陳國的籌碼，而陳完放棄回國即位的念頭，改稱田完。①

田氏做為異姓大夫，與齊國的姜姓大夫維持等距，不介入政爭，因此不受排擠。齊景公時，晏嬰為相，晏嬰刻意拉攏田乞以排斥國氏、高氏、鮑氏等大夫，而田乞收賦稅「小斗進，大斗出」收攬人心（第三十三章），逐漸壯大。晏嬰死後，田乞專擅齊景公的信

①作者註：史書記載稱田氏、陳氏經常混淆，本章一律稱田。

任，齊景公援助晉國范氏、中行氏，發動反晉戰爭，都是採納田乞的建議。景公逝世，國氏、高氏擁立晏孺子為君，田乞聯合鮑氏發動軍事政變，立齊悼公，從此齊國由田氏專政。

田乞死，兒子田常擔任齊國宰相，使出父親的老招，以大斗放貸而以小斗收債，於是齊國人都謳歌田常，聲望凌駕齊簡公（悼公之子）。之後齊國發生一連串政變、內亂，田常趁機消滅其政敵，並追殺逃亡在外的齊簡公立齊平公，對齊平公說：「施德之事為人之所欲，由國君來做；刑罰之事為人之所惡，交給我來做。」齊平公聽了，覺得很好，施行五年之後，齊國不再有人敢違抗田常，於是田常將鮑氏、晏氏等公族的實力人物都除去，自己的封邑甚至大於齊平公收稅的土地。他最有遠見的行動是，選齊國身高七尺以上的女子（超過一百人）入他的後宮，還開放賓客、舍人（顧問和幕僚）自由出入後宮，到他死時，有一千多個兒子！

很顯然，田常已經在想姓田的取代姓姜的，前述最後那個動作更意味著田氏未來不愁優秀人才。事實上，周王室乃至春秋諸侯國之所以日趨衰弱，跟他們的遺傳基因太接近（多半姓姬或姓姜），肯定有關係。

然而，田常在世時尚未取代姜姓，他死後傳了三代到田和，將當時的國君齊康公（姜貸）放逐到海濱，之後兩年才得到周天子封田氏為齊侯。

〈尾聲③〉重用庶民人才頒佈法典——魏文侯變法稱雄

韓趙魏三家分晉，在周天子封三家為諸侯之前，形式上仍然是晉國的臣子，而趙氏和韓氏仍然是卿家相伐的思考。趙獻侯聯絡魏文侯要跟他聯合攻韓氏，韓武子也要跟魏文侯聯合攻趙氏。但魏文侯的的胸襟比他倆寬闊、視野比他倆遠大，他跟趙、韓兩家溝通後，確立三家各自向外發展而非向內鬥爭的戰略原則：趙氏向北、韓氏向南，魏氏向西，這個戰略後來造就韓趙魏在戰國時期居於七雄之三。

魏文侯是戰國第一位稱雄的君主，魏國軍隊號稱「無敵於天下」，而魏軍的大將吳起是衛國人，他的出身不是貴族而是庶民。事實上，魏文侯能夠在當時快速崛起稱雄，最大的能量來源就是重用庶民人才。成就魏文侯霸業最重要的三個人都不是貴族出身，除了吳起，還有李悝和西門豹。

李悝推動「盡地利」，統一分配農民耕地，督促農民勤於耕作，增加生產；生產增加後，實施「平糴法」，國家在豐收時平價收購糧食儲存，發生饑荒時以平價賣給農民，取有餘以補不足，防止穀物甚貴而傷民，或甚賤而傷農。他主張廢除貴族世襲制度，提出「食有勞而祿有功，使有能而賞必行、罰必當」，更將無功而食祿者稱為「淫民」，應該剝奪這些不事生產者的俸祿，用以「招來四方之士」——這是歷史上第一次對貴族統治的挑戰。魏文侯放手讓李悝推動變法改革，李悝彙集各國刑典編成《法經》，魏文侯明令公布成為法律，確立法家最早期的思想主張：不別親疏，不殊貴賤，一斷於法。

西門豹以革除「河伯娶妻」惡俗故事聞名，但他最重要的政績是修建漳河十二渠，也就是興水利改旱澇之地為良田，跟李悝盡地利獎勵農耕並行，於是生產力大增。

這三人的成績合起來就是，寓兵於農、藏糧於民、國富兵強，這是戰國諸侯的主流思想。而魏文侯能夠招來庶民人才，最重要的是他本人尊崇禮遇有學之士，他師事卜子夏、田子方、段干木，三人都是飽學之士，卻都不是貴族。

魏文侯的兒子魏擊（後來的魏武侯）在路上遇到田子方，車隊刻意避道，更下車行禮，田子方卻不回禮。魏擊問：「是富貴者可以對人驕傲，還是貧賤者可以對人驕傲呢？」田子方說：「當然是貧賤者才能對人驕傲。要曉得，諸侯對人驕傲會失去國家，大夫對人驕傲會失去領地；而貧賤者如果理念不和，了不起去楚國、越國求發展，跟穿脫草鞋一樣方便。」魏擊很不高興的離去。

這個故事顯示兩個面相：魏文侯尊崇老師，魏擊身為太子也不敢不（做個樣子）讓路，被訓了一頓也只能「不懌而去」；田子方面對太子毫不客氣，態度是給魏擊一次機會教育，當然是知道國君不會怪罪，同時也是尊重自己做為國君老師的地位——布衣知識份子出頭，法治抬頭，士大夫治國的貴族政治退位，戰國時代於焉來臨。

〈尾聲④〉王道霸道通通丟掉——商鞅見秦孝公

戰國時代第一位在列強國際呼風喚雨的布衣卿相是商鞅。商鞅的血統是貴族，史載他是衛國的「庶孽公子」（很多代以前衛國某國君的庶出兒子），他在衛國肯定已經沒有施展空間，所以到魏國宰相公孫痤家「為賓客」，也就不再有貴族身份而是庶民了。商鞅的故事很多，此處單講他見秦孝公的過程。

商鞅聽說秦孝公頒佈求賢令，想要恢復秦穆公時代的榮景，於是去到咸陽，透過孝公寵臣景監的引見，得以進見秦孝公。孝公聽商鞅講了很久，可是過程中卻不時打瞌睡，談話結束後，孝公對景監抱怨：「你推薦的那人，講的都沒有用。」景監回去責備商鞅，商鞅請求再見孝公一次。

五天後商鞅再見秦孝公，孝公打瞌睡比較少了，但仍不欣賞他的理念，再度抱怨景監，景監再度責備商鞅，商鞅再度請求進見孝公。

第三次進見，秦孝公覺得不錯，可是仍未全盤接受，對景監說：「你推薦那人可以談談。」於是商鞅對景監說：「我現在知道國君要的是什麼了，請再讓我進見一次。」

商鞅第四次進見，孝公跟他談話，身體不住前傾，膝蓋愈來愈靠近商鞅（古人席地而跪坐），接連談了好幾天。

景監問商鞅：「你跟國君說了什麼，如此中他的意？」商鞅說：「我起初說三皇五帝的帝道，國君說『那需要太久時間，我等不及』；我再說殷周的王道，國君仍然不中意；我再說春秋五霸的霸道，國君覺得有點意思；於是我向他陳述強國之術，國君大悅。」秦孝公於是重用商鞅變法，秦國自此開始富強。

商鞅來自魏國，所謂強國之術，基本上就是前章魏文侯那一套富國強兵之道。而商鞅見秦孝公的故事，於本章主題有幾個重點：秦孝公是一位英明之主，他發佈求賢令當然是體認到，必須吸納民間智慧，以補貴族政治的不足，此其一；景監的身份一說是楚國王室屈景昭三氏的景氏，一說是太監之首（景者，大也），前者意味著國際人才已經相當流通，後者意味著國君信任太監超過貴族，所以商鞅能夠四次進見孝公，此其二；孝公雖不耐商鞅說的帝道、王道，然而他看得出商鞅是個高級人才，所以願意一而再、再而三跟他談，一旦商鞅說出強國之術，立即重用他變法圖強。

重點更在於，春秋時代諸侯國還拿周天子當一回事，霸主尊王攘夷維持國際秩序是以霸道手段行王道，至此王道、霸道都被拋開。而商鞅以衛國公孫去魏國吃頭路，再去秦國尋頭路，沒落貴族四方飄零，「苟利社稷，死生以之」的價值觀也就無以維持——君道、臣道通通顛覆，春秋時代完全成為過去式。

廢止秦國活人殉葬制度——秦獻公幫兒子排除障礙

秦孝公用商鞅變法，奠定秦國削平戰國群雄一統天下的基礎。然而，秦孝公其實得益於他父親秦獻公的一項改革——廢止活人殉葬制度。

二十章述及秦穆公逝世時，因為用活人殉葬而受到史家批判。活人殉葬是沿襲殷人（商朝）習俗，卻一直是秦國國力不能「最大化」的一個致命因素。道理很簡單，國君逝世的殉葬名單中，肯定有國君的親信，他們心甘情願陪國君去到另外一個世界（如此制度已經成為傳統習俗，貴族或大臣都不會有怨）。易言之，每次國君去世，都要損失一些執政團隊中的要角，那當然對國力造成損傷。

秦獻公名嬴連，是秦靈公的兒子，靈公去世，貴族擁立秦簡公，公子連流亡到河西之地，後來秦國內亂，公子連回國即位是為秦獻公。秦獻公即位後第一項重大改革就是廢除活人殉葬制度，之後陸續推動遷都、推行縣制、建立商市等措施，都是削減貴族勢力的重大改革，商鞅變法能夠成功推行，事實上得益於秦獻公排除了很多改革的障礙。

（全文完）

國家圖書館出版品預行編目資料

霸王夢：春秋諸侯爭鋒一場大戲/公孫策著. -- 初版. -- 臺北市：商周出版：英屬蓋曼群島商家庭傳媒股份有限公司城邦分公司發行, 2024.09
面； 公分. -- (ViewPoint ; 126)(公孫策說歷史故事 ; 10)

ISBN 978-626-390-256-5 (平裝)

1.CST: 春秋史 2.CST: 通俗史話

621.62 113012111

View Point 126

霸王夢——春秋諸侯爭鋒一場大戲

作　　者／公孫策
企劃選書／黃靖卉
責任編輯／黃靖卉

版　　權／吳亭儀、江欣瑜
行銷業務／周佑潔、林詩富、吳淑華、賴玉嵐
總 編 輯／黃靖卉
總 經 理／彭之琬
事業群總經理／黃淑貞
發 行 人／何飛鵬
法律顧問／元禾法律事務所 王子文律師
出　　版／商周出版
台北市 115 南港區昆陽街 16 號 4 樓
電話：(02) 25007008　傳眞：(02)25007759
E-mail：bwp.service@cite.com.tw
Blog：http://bwp25007008.pixnet.net/blog
發　　行／英屬蓋曼群島商家庭傳媒股份有限公司城邦分公司
台北市 115 南港區昆陽街 16 號 8 樓
書虫客服服務專線：(02)25007718；(02)25007719
服務時間：週一至週五上午 09:30-12:00；下午 13:30-17:00
24 小時傳眞專線：(02)25001990；(02)25001991
劃撥帳號：19863813；戶名：書虫股份有限公司
讀者服務信箱：service@readingclub.com.tw
城邦讀書花園：www.cite.com.tw
香港發行所／城邦（香港）出版集團有限公司
香港九龍土瓜灣土瓜灣道 86 號順聯工業大廈 6 樓 A 室
E-mail：hkcite@biznetvigator.com
電話：(852) 25086231 傳眞：(852) 25789337
馬新發行所／城邦（馬新）出版集團【Cite (M) Sdn. Bhd.】
41, Jalan Radin Anum, Bandar Baru Sri Petaling,
57000 Kuala Lumpur, Malaysia.
Tel: (603) 90563833　Fax: (603) 90576622
Email: cite@cite.com.my

封面設計／許晉維
排　　版／芯澤有限公司
印　　刷／中原造像股份有限公司
經 銷 商／聯合發行股份有限公司
地址：新北市 231 新店區寶橋路 235 巷 6 弄 6 號 2 樓
電話：(02) 2917-8022　Fax: (02) 2911-0053

■ 2022 年 9 月 3 日初版一刷　　Printed in Taiwan
定價 400 元

城邦讀書花園
www.cite.com.tw

 ISBN 978-626-390-256-5